# 日暮乡关何处是

## 陈忠实的故乡与故人

陈忠实 著

2019年·厦门

**图书在版编目（CIP）数据**

日暮乡关何处是：陈忠实的故乡与故人 / 陈忠实著 .—厦门：鹭江出版社，2019.4

ISBN 978-7-5459-1559-4

Ⅰ. ①日… Ⅱ. ①陈… Ⅲ. ①散文集—中国—当代 Ⅳ. ① I267

中国版本图书馆 CIP 数据核字（2019）第 010219 号

RIMU XIANGGUAN HECHUSHI: CHEN ZHONGSHI DE GUXIANG YU GUREN

**日暮乡关何处是：陈忠实的故乡与故人**

陈忠实 著

---

**出版发行**：鹭江出版社
**地　　址**：厦门市湖明路 22 号　　**邮政编码**：361004
**印　　刷**：三河市兴博印务有限公司
**地　　址**：河北省廊坊市三河市杨庄镇大窝头村西　　**邮政编码**：065200
**开　　本**：880mm × 1230mm　1/32
**插　　页**：4
**印　　张**：7.25
**字　　数**：149 千字
**版　　次**：2019 年 4 月第 1 版　2019 年 4 月第 1 次印刷
**书　　号**：ISBN 978-7-5459-1559-4
**定　　价**：42.00 元

---

# 目录

## 第一辑 故园：一枝一叶总关情

## 第㊁辑 书香：少壮工夫老始成

## 第三辑 师友：此情可待成追忆

## 第四辑 云游：山一程，水一程

# 第一辑

# 故园：一枝一叶总关情

# 家有斑鸠

住到乡下老屋的第一个早晨，刚睁开眼，便听到“咕咕咕咕”的鸟叫声。这是斑鸠。虽然久违这种鸟叫声，却不陌生，第一声入耳，我便断定是斑鸠，不由得惊喜。

披上衣服，竟有点儿迫不及待，悄声静气地靠近窗户，透过玻璃望出去，后屋的前檐上，果然有两只斑鸠。一只站在瓦楞上，另一只围着它转着，一边转着，一边点头，发出“咕咕咕咕”的叫声。显然是雄斑鸠在向雌斑鸠求爱，颇为绅士，像西方男子向所爱的女子鞠躬致礼，“咕咕咕”的叫声类似“我爱你”的表白。

这是我回到乡下老屋的第一个早晨看见的情景。一个始料不及的美妙的早晨。

六年前的大约这个时节，我和文学评论家王仲生教授住在波士顿城郊他的胞弟家里。尽管这座三层小洋楼宽敞舒适，我和王教授还是更喜欢站着或坐在后院里。后院是一片绿茸茸的草坪，有几种疏于管理的花木。这一排房子的后院连着后面一排小楼房的后院，中间有一排粗大高耸的树木分隔。树木的枝杈上，栖息着毋宁说侍立着一群鸟。一种通体黑色的梭子形状的鸟，在人刚开开后门走到草坪边的时候，梭子黑鸟便从树枝上飞下来，落在草坪上，期待着人撒出面包屑或什么吃食。你撒了吃剩的面包屑或米粒儿，它们就在你面前的草地上争食，甚至大胆地跳到人的脚前来。偶尔，还会有一只两只松鼠不知从哪棵树上蹿下来，和梭子鸟在草地上抢夺食物。

我在那个令人忘情的人与鸟兽共处的草坪上，曾经想过在我家的小院里，如若能有这样一群敢于光顾的鸟就好了。我们近年来的经济成就令世人瞩目，然而要赶上人家的年生产总值和人均收入的水平，尚需较多的时日；然而我们的鸟和诸如松鼠的小兽敢于到居民的阳台和农民的小院来觅食，却是不需花费财力物力的事，只需给鸟和兽一点儿人道与爱心就行了。然而实际想来，实现这样人鸟人兽共存共荣的和谐景象，恐怕也不是短时间的事。

飞翔在我们天空的鸟和奔驰在我们山川里的兽，对人的恐惧和绝对的不信任是一个基本的事实。我们把爱鸟爱兽作为一个普遍的社会意识来提倡，不过是十来年间的事。我们把鸟兽作为美食作为美裳作为玩物作为发财的对象而心狠手狠的年月，却无法算计。我能记得和看到的，一是一九五八年对麻雀发动的全民战争，麻雀虽未绝种，倒是把所有飞翔在天空的各色鸟吓得肝胆欲裂，它们肯定会把对人的恐惧和防范以生存戒律传递给子子孙孙。再是种种药剂和化肥，杀了害虫长了庄稼，却把许多食虫食草的鸟整得种族灭绝。更不要说那些利欲熏心丧尽良知的捕杀濒临灭绝的珍禽异兽者。我曾瞎猜过，能够存活到今天的鸟类、兽类，肯定具备一组特别优秀的专司提防、警惕人类伤害的基因。不然，早该在明枪暗箭以及五花八门的机关和陷阱里灭绝了。

还是说我家的斑鸠。

我有记事能力的时候就认识并记住了斑鸠，像辨识家乡的各种鸟一样，不足为奇。斑鸠在我的滋水家乡的鸟类中，是最朴拙最不显眼近乎丑陋的一种鸟。灰褐色的羽毛比不得任何一种鸟，连麻雀的羽翅上的暗纹也比不得。没有长喙和高足，比不得啄木鸟和鹭鸶。没有动人的叫声，从早到晚都是粗浑单调的“咕咕咕——咕咕咕”的声音。它的巢也是我所见过的鸟窝中最简单最不成形的一种，简单到仅有可以数清的几十根柴枝，横竖搭置成一个浅浅的潦草的窝。小时候我站在树下，可以从窝的底部的缝隙透见窝里有几枚蛋。我曾经在六十年代的小学课文上看到过以斑鸠为题编写的课文，说斑鸠是最懒惰的鸟，懒得连窝也不认真搭建，冬天便冻死在这种既不遮风亦不挡雨的窝里。

然而，整个儿八十年代到九十年代初，我住在祖居的老屋读书写字，没有看见过一只斑鸠。尽管我搞不清斑鸠消亡的原因，却肯定不会是如童话所阐述的陋窝所致，倒是倾向于某种农药或化肥的种类性绝杀。这种普通的毫不起眼的鸟的绝踪，没有引起任何村人的注意。我以为在家院的周围再也看不到斑鸠了。

斑鸠却在我重返家乡的第一个清晨出现了，就在我的房檐上。

我便轻手开门，怕惊吓了它。它还是飞走了。

我朝院中的空地上撒一把小米，或一把玉米糁子，诱使它到小院里来啄食。

初始，无论我怎样轻手蹑足开门走路，它一发现我从屋内走到院中，“扑棱”一声就从屋脊或围墙上起飞了，飞入高高的村树上去了。我仍然往小院里撒抛米谷。直到某一日，我开开门出来，两只斑鸠突然从院中飞起，落到房檐上，还在探头探脑瞅着院中尚未吃完的谷米。我的心里一动，它终于有胆子到院内落脚啄食了，这是一次突破性的进展。

我和斑鸠的关系获得令人振奋的突破之后，随之便是持久的停滞不前。斑鸠在房檐在房脊在院墙上栖息追逐，似乎已经放心无虞。然而有我在场的时候，它们绝不飞落到院里来啄食，无论我抛撒的米谷多么富于诱惑。有几次我从室内的窗玻璃前窥视到斑鸠在院中啄食米谷的情景，一当我出门，它们便惊慌地飞上房顶。这一刻，我清醒地意识到，它还不完全是我家的斑鸠。

要让斑鸠随心无虞地落到小院里，心里踏实地啄食，在我的眼下，在我的脚前，尚需一些时日。

我将等待。

2001 年 6 月

# 种菊小记

朋友在一家公园供职，前年送我几盆花色各异的菊花，我大为惊讶，人工竟然能培养出这样争奇斗妍的花色品种来。

花谢之后，我便将盆栽菊花送回乡下老家，移栽到小院里。一来是偷懒，免得时时操心旱涝，也少去了天天或隔天浇水的麻烦，土地里毕竟要比花盆耐得伏旱。二来是出于性情，我更喜欢那些自发自然自由生长的原生形态的草木，向来不大欣赏那种裁剪得太规整的东西，包括盆栽花木，尤其不忍心观赏那些被人为地扭曲到奇形怪状的盆景，总是产生欣赏女人小脚的错觉。这样，这几盆菊花一旦移栽到小院的泥土里，便被迫还原为野生形态，任由其发芽、长茎，任由其倒伏在地上。秋来时花开了，白色的更显得白，紫色的更显得紫，抽丝带钩的花瓣更显得生动。只是比原先的花要小许多了。小点儿就小点儿吧，少了修饰的痕迹，看起来我倒觉得更顺眼。

今年清明前，妻子去了一回城乡交界处死灰复燃了的古庙会，买了几团菊花的根，同样栽在小院里，一视同仁，一任其自由发展，只是不知道这几种菊花是何品种，开什么形状的花。一团团的花根埋到地下，也就埋下了一团团的花谜，看着蓬勃起来的叶子和茎秆，常常就有揭开谜底的期待。我在这些菊花旱得叶子发蔫时，便用井水浇个透湿浇个痛快，便可耐得多日高温。入秋后一场阴雨，原有的新栽的菊花秆茎全都匍匐到地上，扑倒在院中的路径边沿，我也不想扶起它。有乡友来，建议并出主意，弄几根竹棍或树枝，把菊花枝秆绑扶起来。我口头应诺，却仍未实施，心里想着，它自己长得太疯太软，它自己撑持不住要扑倒在地，何必要我扶绑。再说铺地的菊花开了，当会是另一种风情，也许呢。

前不久有一次时日不长的外出。回到原下的小院时，映入眼帘的却是一片惹人的金黄，黄得那么灿烂，黄得那么鲜嫩，又黄得那么沉静，令我抑制不住心颤。记得离家时，这一丛丛古庙会上买来的菊花已呈现出繁密的骨朵花苞，我以为花期尚早，因为暑气溽热还在，起码也应在野菊花之后，不料，它率先开了，这一丛菊花的谜就这样揭开，金色铺地，花团锦簇，一团一团的金黄的花朵任性开放，直教我左看右看立着看蹲下看不忍离去。

看到这一丛铺地盛开的菊花，金黄金黄的颜色，脑海里便浮出黄巢那首广为流传的《咏菊》的诗来。说真话，我记着这首诗，却不喜欢这首诗。从表征意义上，我不赞同“我花开罢百花杀”的狭隘小气。如果真应了黄巢的心愿，百花杀尽，只存留菊花，这世界就太单调太孤清了。不光在我不能忍受，恐怕任何正常的人都会不堪的。黄巢的咒语自己未能实现，却在千余年后的“文革”

中发生了，中国文坛百花杀尽，只准存活八个样板戏。搞到一花独放独尊，肯定会出麻烦，肯定长久不了的。从这首诗的深层说，黄巢不过是以菊花自喻，隐含着称王称霸的政治抱负。联想到刚刚做了皇帝的李自成的胡来，以及尚未完全称帝的洪秀全和他的诸王们的胡整，黄巢即使做了皇帝，肯定也强不到哪儿去。只有菊花是无辜的，向来被有风骨的文人学士暗喻明恋地作为傲霜独立品行的一种花，无端地被称帝当王心切的黄巢拉出来称了一回霸，连柔嫩可人的花瓣也被拟化为黄金盔甲。

昨日傍晚，阴霾初开，夕阳在云缝儿中乍泄乍收。我走出小院，走上村后的原坡，野花凄迷，蚱蜢起落，树青草也绿着，却已分明是秋的景致了。山沟里，坡坎上，一簇簇一丛丛野菊花已经含苞，有待绽放。往昔的记忆中，这山野间的菊花一旦开放，漫山遍野都是望不断的金黄，我家小院里的那一丛无法比拟，任何花园里的娇生惯养的公主般的同类也是无法比拟的。那种天风地气所孕育的野菊花，其气象其烂漫其率真，都是人工或小院所难以为之的。

作菊花诗两首，以释怀，以备忘。

## 其一　家　菊

含露凝香铺地开，小院金菊报秋来。

秋风秋雨秋阳好，顿生诗情上高崖。

## 其二　野　菊

何事争春斗妍态，不与桃杏一时开。
伏花凋谢香色去，抖出遍山黄花来。

2001 年 9 月 28 日于原下

# 三九的雨

这是我村与邻村之间一片不大的空旷的台地。只有一畛地宽的平台南头开始起坡，就是白鹿原北坡根的基础了。平台往北下一道浅浅的坡塄，就是灞河河滩了。我脚下踏着的平台上的这条沙石大路，穿过一个个大大小小的村庄，通往西安。

天明时雨止歇了。天阴沉着，云并不浓厚，淡灰的颜色，估计一时半刻挤拧不出雨水来。空气很清新，湿润润的，山坡上的麦子绿莹莹的，河川里的麦子也是莹莹的绿色。原坡上沟坎里枯干的荒草被雨浇成了褐黑色，却有一种湿润的柔软。河川北岸是骊山的南麓，清晰可辨一株树一道坡一条沟，直至山岭重叠的极处。四野宁静到令人耳朵自生出纤细的音响来。

前日落了雨，小雨。通常是开春三月才有的那种“随风潜入夜，润物细无声”的春雨。腊月初二（二〇〇二年一月十四日）下起，断断续续稀稀拉拉下到今天天明，让整个儿村子里的男女惊诧不已，该当滴水成冰冻破砖头的“三九”时月，居然是小雨缠绵。太过反常的天气给农人心里一种不祥的妖孽征候。这是我半生里仅见的一次“三九”的雨，以及不仅不冻反而松软如酥的土地。

我脚下这条颇为宽绰的沙石大路是一九七七年冬天动工拓宽的。与这条大路同时开工的是灞河河堤水利工程，由我任副总指挥具体实施的。那时，我完成这项家乡的水利工程的心态，与我后来写作长篇小说《白鹿原》时的心境基本类同，就是尽力做成一件事。

我第一次背着馍口袋从这条路走出村子走进西安的中学时，这条路大约也就一步宽，架子车是无法通行的。我背着一周的干粮走出村子时的心情是雀跃而又高涨的，然而也是完全模糊的。我只是想念书，想上城里的中学去念书，念书干什么等抱负之类的事，完全没有。我再三追寻记忆，充其量只会有当个工人之类的宏愿，而且这主要是父母供儿女上学的原始动机。在乡村人的眼睛里，挣工资吃商品粮的工人是世界上最幸福的人。我在初中二年级却喜欢文学了，这不仅大大出乎父母的意料，连我自己也感到奇怪。通常情况下，爱好文学是被视为浪漫而又富于诗意的事情，怎么会发生在一个穿粗布衣服吃开水泡馍的人身上呢？许多年后我把自己的这种现象归结为一根对文字敏感的神经——文学的兴趣由此而发端。书香门第以及会讲故事会唱歌谣的奶奶们的熏陶，只能对具备文字敏感的神经的儿孙起反应起作用，反之讲了也是白讲唱了也是白唱。

背着馍口袋出村夹着空口袋回村，在这条小路上走了十二年，我完成了高中学业。我记忆中最深的是十六岁那年遇到过狼。天微明时，我已走出村子五华里的一条深沟的顶头，做伴壮胆的父亲突然叫了一声："狼！"就在身旁不过二十步远的齐摆着谷穗的地边上，有一只狼。稍远一点儿，还有一只。我没有感觉到丝毫的害怕，尽管是我第一次看见这种吓人的动物；不是我胆大，而是身旁跟着父亲。我第一次感受父亲的力量和父亲的含义，就是面对两只成年狼的时候，竟然没有产生恐惧。我成了一个父亲的时候，又在这条几经拓宽的乡村公路上接送我的三个念书的孩子。我比父亲优裕的是有了一辆自行车，孩子后来也有了，比当年父亲步行送我要快捷多了。我和孩子再也没有遭遇狼的惊险故事。狼已经成为大家怀念的珍稀宝贝了。

我的一生其实都粘连在这条已经宽敞起来的沙石路上。我在专业创作之前的二十年基层农村工作里，没有离开这条路；我在取得专业创作条件之后的第一个决断，索性重新回到这条路起头的村子——我的老家。我窝在这里的本能的心理需求，就是想认真实现自己少年时代就发生的作家之梦。从一九八二年冬天得到专业写作的最佳生存状态到一九九三年春天写完《白鹿原》一书，我在祖居的原下的老屋里写作和读书，整整十年。这应该是我最沉静最自在的十年。

我现在又回到原下祖居的老屋了。老屋是一种心理蕴藏。新房子在老房子原来的基础上盖成的，也是一种心理因素吧。这个祖居的屋院只有我一个人住着。父亲和他的两个堂弟共居一院的时代早已终结了。父亲一辈的男人先后都已离开这个村子，在村庄后面白鹿原北坡的坡地上安息有年了。我住在这个过去三家共有的屋院里，可以想见其宽敞和清爽了。我在读着欧美那些作家的书页里，偶尔竟会显现出爷爷或父亲或叔父的脸孔来，且不止一次。夜深人静我坐在小院里看着月亮从东原移向西原的无边无际的静谧里，耳畔会传来一声两声沉重而又舒坦的呻吟。那是只有像牛马拽犁拉车一样劳作之后歇息下来的人才会发出的生命的呻唤。我在小小年纪的时候就接受着这种生命乐曲的反复熏陶，有父亲的，还有叔父的，有一位是祖父的。他们早已在原坡上化作泥土。他们在深夜熟睡时的呻吟萦绕在这个屋院里，依然在熏陶着我。

这是一个不可思议的冬天。我站在我村和邻村之间的旷野里。

从我第一次走出这个村子到城里念书的时候起，父亲和母亲每每送我出家门时的眼神，都给我一个永远不变的警示：怎么出去还怎么回来，不要把龌龊带回村子带回屋院。在我变换种种社会角色的几十年里，每逢周日回家，父亲迎接我的眼睛里仍然是那种神色，根本不在乎我干成了什么事干错了什么事，升了或降了，根本不在乎我比他实际上丰富得多的社会阅历和完全超出他的文化水平。那是作为一个父亲的独具禀赋的眼神，这个古老屋院的主宰者的不可侵扰的眼神，依然朝我警示着，别把龌龊带回这个屋院来。

北京丰台。我从大礼堂走出来。《西安晚报》记者王亚田第一个打来电话，选举刚刚结束，他问我当选中国作家协会副主席后首先想的是什么。我脱口而出：作为一个作家，应该始终把智慧投入写作。

他又问：还有什么呢？

我再答：自然还有责任和义务。

我站在我村与邻村之间空旷的台地上，看“三九”的雨淋湿了的原坡和河川，绿莹莹的麦苗和褐黑色的柔软的荒草，从我身旁匆匆驶过的农用拖拉机和放学回家的娃娃。粘连在这条路上倚靠着原坡的我，获得的是沉静，自然不会在意“三九”的雨有什么祥与不祥的猜疑了。

2002 年 1 月 17 日于原下

# 喝茶记事

年轻时收入低微，常常为一家人衣食之大事犯愁，岂敢有品茶之类奢侈事。然而茶水毕竟还是喝过的，大多是别人礼让的，自然谈不上品牌品位和品种，人家泡什么茶就喝什么茶，红茶绿茶花茶，叶儿的末儿的沱儿的以及刀劈斧斫的砖茶，品位等级不仅不能讲究，其实自己根本就不懂，再说也没有品茶的兴趣。

认真地自己买茶叶喝茶，有两回。有一年闹胃病，吃什么东西胃里就冒酸水，大口大口清亮亮的酸水冒将出来，喷到床下和桌下，几乎可以作为洒水息尘之用。发展到胃里开始有隐痛，去看医生。医生轻描淡写地说吃苞谷面高粱面太多了。我心里反倒加重了负担。这些粗粮是按比例配给的，而且看不出有减少的任何可能，不吃苞谷高粱，又到哪里找好果子吃？医生给弄了一大包酵母片，又赠送了一剂良方：回去熬砖茶喝，暖暖胃。我的手在口袋里揣摸了许久，还是花大约三毛票买下二两，先试试。那砖茶名副其实，硬如砖头，用刀劈下碎片，搁火炉上熬煮，倒出来竟是如同中药的颜色。然而喝起来毕竟是茶味儿，只是后味儿有些苦涩。这是我第一回花钱买奢侈品，当作医病的药用的。

再就有点儿雷同，仍然是医用。到新时期之初，生活初得改善，可以不再以杂粮为主，我的身体又引出了截然相反的变化，内火太盛。好东西吃多了热量增加了消耗不完，便聚积而生为火。这是一位中医先生当时剖析病因的诊断词。那火一生成，轻则牙疼，重则小便不畅，且有灼烧似的刺痛。医生给开了一些下火的药丸，又赠我一剂良方：回去常喝点儿绿茶，绿茶下火。医生是个善解人意的好人，居然指点说：你就买“陕青”喝，很便宜。我很感谢医生，更欣赏“很便宜”这话，所以说他善解人意。初得温饱的我们家，这回真正让我奢侈了一回。我专程赶到西安最大的一家国营茶叶专卖店，把所有货架上的货柜里的茶叶整个儿参观了一遍，才知道中国出产这么多品种的茶叶，有的价格高得不可思议。最后在货柜的比较冷僻的位置找到“陕青”，有不同价目的三档，我还是很切温饱“初”得的实际，选了中间一档的，八毛一市两，先买半斤试试，花钱四元。绿茶“陕青”只用开水冲泡，无须费火费劲儿去熬去煎，而且关键是效果不错，内火得到医治，很少再犯。这回仍是把茶当药用，岂敢说品。

不久，陕南的朋友来西安，便捎给我一包两包茶叶，仅从包装上看，都比我买的“陕青”阔气排场得多。茶叶的形状差异十分明显，一条一条有如羽毛，冲水之后便蓬勃起来，绿茵茵一朵初芽的茶叶，水色金黄透亮；不说砖茶，先前的“陕青”也相形见绌了。再细一问，曰：秦巴雾毫。友人热情而又自豪地吹捧家乡陕南特产，说这茶叶论质标价已与传统权威茶“龙井”齐价，说陕南是中国茶叶开发最早的地区，唐代陆羽所写的中国第一部茶叶专著《茶经》开篇就说，“茶者，南方之嘉木也，巴山峡川生焉”，“巴山峡川”即指陕南的秦巴山地和汉水流域。然几千年来，这里的茶叶生产仍然处于原始状态，更无名茶。“秦巴雾毫”的研制成功，结束了茶叶诞生母地无名茶的历史。我也较早地品尝了，真是与以往的所有茶味儿迥然不同。及至一九八九年九月十日在《人民日报》上读到作家王蓬的报告文学《巴山茶痴》，我才得知“秦巴雾毫”的创造者名叫蔡如桂。

他为陕西第一个名茶的诞生，几乎耗尽了整个儿青春和心血，包括狱牢之苦。读罢我默然无语，直觉得心闷气憋，这蔡如桂便哽在心头吐也吐不出来了。

六七年后，我在汉中见到了蔡如桂，竟是一条壮汉，年迈六旬，头发依然稠如乌鬃，走路雄壮威武，说话节奏极快，一身西装穿着却显不出挺括，倒像是一位管护茶园的农夫。早已喝过他培育的名茶，又从王蓬文章里了解了他的生命历程，所以一见便如故人。我说，你就那么简单地被弄进监狱去了？他淡淡地笑笑，就那么简单。我就觉得很无奈，把人简单随便地扔进监狱，扔者和被扔者之后都相安无事，除了无奈还能说什么。

现在我可以勉强地说进入品茶档次了，唯“秦巴雾毫”为最。在办公室在家中，在旅途在陌生的新地，捏一撮羽毛样的“秦巴雾毫”丢入茶杯，冲出淡淡的金色茶水，喝着品着，便有蔡如桂先生如影随形似的陪我聊天，由品茶而进入品读蔡如桂其人了。

蔡如桂，安徽人，安徽农业大学茶业系毕业后，分配到陕南秦岭和巴山里最偏僻最贫瘠的镇巴县，从二十几岁的小伙子到年届六旬的老汉，整整一生就在那个地方没有挪过一回窝儿，不是别人不给他挪，他压根儿就没有想过要挪窝儿。那窝里有茶园，是他安身立命的乐园。他终于把那些像晒晾柴草一样晾晒茶叶的农民教会炮制精品茶叶了，他自己也创造出“秦巴雾毫”这样的名茶了。然而就是这样一个痴情茶叶发展的难得的人才，却被一个副县长执意而又随便地扔进监狱。事因太简单，副县长在干部会上号召乡民毁林开荒，扩大粮食种植面积。作为县人民代表大会代表的蔡如桂提醒说，国家森林法已法定了，你说的那些地带是不能开荒的。就这么一句话，就这么一句纠正副县长违犯国家森林法的话，他被这位副县长弄进监狱改造了近两年，在社会和民众的舆论压力下，才获释了。我总也不可理解，仅仅因为当众被伤了点儿面子的副县长，怎么会有如此大的毒劲儿，把一个为陕南茶叶事业奉献了毕生精力且卓有建树的人扔进监狱?

任何想在这个世界上成就一番事业的人，先天的智慧和后天的持之不懈的探求是必备的条件，吃苦与艰难，也是自不必说的必须要经受的，非此就不会有重大发现和发明产生，这种精神准备也十分充足。然而，蔡如桂怎么也不会想到，因为一句维护国家庄严法律的话而坐牢。坐了牢了，在初春时节茶叶冒尖的关键时刻，他要去指导茶农采摘和科学炮制，误了季节就误了一年的茶叶。他三番五次口头申诉又书面报告：我要去指导茶农采茶，可以派两个公安战士押解着我上山！我初读到这里便按捺不住心颤。后来许多年里，一边品着蔡如桂的茶叶，一边品读着他的行为和声音，成为医治我的懒惰和软弱的良方。

今年春天，新茶上市，蔡如桂以自己创办的茶叶公司老板的姿态赶到西安，推销今年的第一茬新茶，也带给我两包，打开即有一股幽幽的香气扑面而来。他又送我一本《茗饮之道》的书稿，是专讲品茶之道的雅著。不读不知自己的浅陋，读罢才知品茶的传统和现代功夫的深奥，鉴定自己其实比早年把茶当药用的水准并无什么长进，充其量只够喝茶的一般概念，离“品”的档次尚远。然而品也罢，喝也罢，只要有蔡如桂这样的好茶和对事业的痴情相伴，我已知足了。

1997 年 11 月 22 日于雍村

# 一株柳

这是一株柳树，一株在平原在水边极其普遍极其平常的柳树。

这是一株神奇的柳树，神奇到令我望而生畏的柳树，它伫立在青海高原上。

在青海高原，每走一处，面对广袤无垠青草覆盖的原野，寸木不生青石嶙峋的山峰，深邃的蓝天和凝滞的云团，心头便弥漫着古典边塞诗词的悲壮和苍凉。走到李家峡水电站总部的大门口，我一眼就瞅见了这株大柳树，不由得“哦”了一声。

这是我在高原见到的唯一的一株柳树。我站在这里，目力所及，背后是连绵的铁铸一样的青山，近处是呈现着赭红色的起伏的原地，根本看不到任何一种树。没有树族的原野尤其显得简洁而开阔，也显得异常的苍茫和苍凉。这株柳树怎么会生长起来壮大起来，怎么就造成高原如此壮观的一方独立的风景？

这株柳树大约有两合抱粗，浓密的枝叶覆盖出百十余平方米的树荫；树干和树枝呈现出生铁铁锭的色泽，粗糙而坚硬；叶子如此之绿，绿得苍郁，绿得深沉，自然使人感到高寒和缺水对生命颜色的独特锻铸；它巍巍然撑立在高原之上，给人以生命伟力的强大的感召。

我便抑制不住猜测和想象：风从遥远的河川把一粒柳絮卷上高原，随意抛撒到这里，那一年恰遇好雨水，它有幸萌发了；风把一团团柳絮抛撒到这里，生长出一片幼柳，随之而来的持续的干旱把这一茬柳树苗子全毁了，只有这一株柳树奇迹般地保存了生命；自古以来，人们也许年复一年看到过一茬一茬的柳树苗子在春天冒出又在夏天旱死，也许熬过了持久的干旱却躲不过更为严酷的寒冷，干旱和寒冷绝不宽容任何一条绿色的生命活到一岁；这株柳树就造成一个不可思议的奇迹，千年奇迹万年奇迹，无法猜度它是否属于一粒超级种子。

我依然沉浸在想象的情感世界：长到这样粗的一株柳树，经历了多少次虐杀生灵的高原风雪，冻死过多少次又复苏过来；经历过多少场铺天盖地的雷避电轰，被劈断了枝干而又重新抽出了新条；它无疑经受过一次又一次摧毁，却能够一回又一回起死回生，这是一种顽强一种侥幸还是有神助佛佑？

我的家乡的灞河以柳树名贯古今，历代诗家词人对那里的柳枝柳絮倾洒过多少墨汁和泪水。然而面对青海高原的这一株柳树，我却崇拜到敬畏的情境了。是的，家乡灞河边的柳树确有引我自豪的历史，每每念诵那些折柳送别的诗篇，都会抹浓一层怀恋家园的乡情。然而，家乡水边的柳树却极易生长，随手折一条柳枝插下去，就发芽就生长，三两年便成为一株婀娜多姿风情万种的柳树了；漫天飞扬的柳絮飘落到沙滩上，便急骤冒出一片又一片芦苇一样的柳丛。青海高原上的这一株柳树，为保存生命却要付出怎样难以想象的艰苦卓绝的努力？同是一种柳树，生活的道路和生命的命运相差何远？

这株柳树没有抱怨命运，也没有畏怯生存之危险和艰难，更没有攀比没有忌妒河边同族同类的鸡肠小肚，而是聚合全部身心之力与生存环境抗争，以超乎想象的毅力和韧劲儿生存下来发展起来壮大起来，终于造成了高原上的一方壮丽的风景。命运给予它的几乎是九十九条死亡之路，它却在一线希望之中成就了一片绿荫。

我崇拜这株高原柳树。

1996 年 9 月

# 两株玉兰树

清明前一日后晌回到老家，到村子背靠的白鹿原北坡上，在父母的坟头烧了一堆被视为阴币的黄纸。尽管明知这是于逝者没有任何补益的事，然而每年此日不仅不能缺少，甚至早早就泛溢着一种甚为急切的情绪。自己心里明白，上坟烧纸和跪拜的行为，无非是为消解对父母恩德亏欠太多的负疚心理，获得一种安慰。

天气很好。温润的风似有若无。西斜的依然明媚的阳光下，原坡和河川满眼都是蓬勃的绿色和黄色，绿的是返青的麦苗，黄的是盛开的油菜花，间有零星散落在坡梁上杏花的粉白。

回到老屋小院，便坐在前院闲聊。许是那种负疚心绪得到消解，许是得了这明媚春色的滋润，竟是一种难得的轻松和平静。记不得是谁颇为惊诧地叫了一声，玉兰树开花了。我便朝大门右侧的玉兰树看去，在树梢稍下边的一根分枝上，有两朵白花。我的心微微一颤，惊喜得轻叫一声，从坐着的小凳上站起来，几步走到玉兰树下，久久观赏那两朵玉兰花。那是两朵刚刚绽放的玉兰花，雪白，鲜嫩，纤尘不染，自在而又尽情地展示在细细的一根枝条上，洁白如玉，便想到玉兰花的名字确属恰切。玉兰树尚不见一片叶子，叶芽刚刚在枝条上突出一个个小豆般的苞，花却绽放了。我久久地看那两朵花，竟然不忍离去。玉兰花在我其实也算不得稀罕，见得也早也多了，之所以发生一缕不寻常的惊喜，这是开在自家屋院里的玉兰花，而且是我栽植的玉兰树苗，便有了一种情结；还有一种非常因素，就是这株玉兰树苗成长过程的障碍性经历，曾经让我颇费过一番心思。

几年前我重回原下小院读书写字，一位在灞河滩苗圃打工的乡党，闲聊中听说我喜欢玉兰花，便给我送来一株不过食指粗的幼苗，我便在大门右侧的围墙根下挖坑栽下了。为了便于浇水和保护，我在玉兰幼苗四周用砖箍了一圈护栏。得到我的用心守护和浇灌，玉兰树苗日见蹿高，分枝，加粗，蓬蓬勃勃，生机盎然，我便期待花苞的出现。恰好盼到玉兰树应该发苞开花的规定期树龄，不仅没有开花，失望且不论，等到叶子成形，我发现了非常的征象，本应是深绿色的叶子，却呈现着浅黄；即使到盛夏烈日暴晒的时月，各种树叶都变得深绿近青的颜色，我的玉兰树叶反而由浅黄变得几乎透亮了。任谁都会看出这是一种病态的表征。村里乡党见了，有说是蛴螬咬了树根，有说是缺肥，有说是化肥施多烧了根，等等。后两种说法不能成立，我栽植时填的是农家粪土，不缺肥更不会发生烧根的事，倒是蛴螬啃食树根有可能发生，却也无可奈何。我曾扒土寻找蛴螬，一只也未见到。我就怀疑大约是玉兰根自身发生了什么病患。

等到第二年，玉兰树仍然是满树病态的黄叶，自然不会开花了。我便有所动摇，这株病态的树会不会自愈？需得几年才能缓解过来？如果等过几年不仅缓解不了反而病情加重以致枯死了，那我就会白等了。我便想挖掉它，重植一株。拿着镢头刨挖的一瞬，却似乎听到一种凄婉的求生的哀音，那一片片透亮的黄叶似乎也幻化成哭相，我便举不起镢头来。突然想到，任它继续存在着，如果真的挨过了病患，当一树健康墨绿的叶子呈现在小院里的时候，我会获得一种别样的欣慰和鼓舞；如果病患发展到发生枯死，再换植一株也无妨，这株玉兰树便保存下来。约略记得去年夏天回家，玉兰树的叶子变绿了，尽管仍不像正常的叶子那么深色近青的绿，却不是往年那种透亮的黄色了，我不由得庆幸，它的病情缓解了，更庆幸我握在手里的镢头没有举起来……今年，这株玉兰树开花了。尽管只有两朵，却是一种美的生命的胜利。遭遇过生存劫难之后开放的这两朵洁白如玉的玉兰花，就不单是通常对所见的玉兰花的欣赏的愉悦了，多了一缕人生况味的感受。

栽在中院里的一株广玉兰，相对而言似乎简单得多了。这是我离开老屋小院之后一年春天栽下的。大约是我栽植上述这株玉兰幼苗的时候，问过送来玉兰树苗的乡党，苗圃里有没有广玉兰？问过也就不在心了，尤其是返城之后就淡忘了。这年清明回家祭祖时，那位乡党又送来一株广玉兰幼苗。他竟然对我的那句问话经年而不忘，知道我每年清明肯定回老家，便预备下这株我问过的广玉兰树苗，让我颇感动。我就把它栽到中院左侧的北边，避免后屋对阳光的遮蔽。

我之所以喜欢广玉兰，不全在它的各种颜色的花朵，更偏爱它的四季常青的绿叶。多年前到广东见识这种完全迥异于玉兰树的广玉兰，尽管很喜欢它四季不落的深沉的绿色，却不曾发生拥有的奢望，常识让我难以动心，这种在南方温暖湿润气候环境里生长欢实的好树，难得抵御北方凛冽的寒风和大雪。及至近年间，我在西安看到作为街心路边风景的广玉兰树，才意识到我犯了一个想当然的错误。这种广玉兰树在干燥缺雨的西安依然蓬蓬勃勃，有紫红的花，也有雪白的花；尤其是那浓密的深绿色叶子，在最难熬的冷风刺骨的三九寒冬里，依然蓬勃着一道绿色，为天灰地枯的冬天的西安增添了一种生命的活力。我就在第一眼看见这道风景时，便想给我家屋院栽植一株广玉兰，冬日回到老家，开门进院能看到一株绿树，当会是别一番生动情怀……这株广玉兰的幼苗终于栽到中院了。

我对这株广玉兰的管护，远不及前院那株玉兰树。这是难能补救的事。我居住在城里，偶尔回到乡下老屋，才可能为它浇一桶水，拔除杂草，每到夏天常有的久旱不雨的时月，它就只好忍受干渴了。然而，这株广玉兰生长的欢实简直令我不可思议，每隔二三月回家看到它时，又冒高了一大截，树干也变粗了许多，且又伸出二三条横枝来。不过二三年，树梢已经高过房檐了，树干也有我的胳膊粗了，我便想到它该开花了。

这株连管护粗疏都说不上的广玉兰，就这样茁壮起来蓬勃起来。春天夏天和秋天且不论，每到山枯水瘦的冬天回到老家时，看到的是白鹿原北坡灰黄的枯草，灞河川道里落光了叶子的果树和杂树，路边上烧荒留下的黑色灰渣。而一走进屋院，看到绿色依旧的广玉兰，这古老的祖居的屋院洋溢着生命的活力，心理上便泛起一种鲜活。就在我盼着它开花的期待心绪里，灾难却不期而至。那是三年前的隆冬季节，一场多年少见的大雪降至。雪后多日我回到乡下老屋，便看到一副惨不忍睹的场景，广玉兰的主干从高处折断了，颇为庞大的枝叶躺在尚未融尽的残雪上。我看着主干折断处白色的断茬，再看看脚旁的断枝，一种隐痛久久难以化释。这是太浓密的树叶上积压的雪所导致的惨相。无论怎样惨不忍睹怎样心疼，却无可如何，我只能弥补，便用水在地上和了一团泥巴，涂抹到白色的断茬上，这是乡村里抚慰断枝的传统技法。当我涂抹着泥巴的时候，心情渐渐缓解了，相信到来年春天，断茬处肯定会发出新芽来，这是我种树的生活经验。

去年夏天回家时，从断茬处长出的主枝，已经和主干浑然一体了，初看竟看不出曾经让我心疼的断折的痕迹，凑近了才能看到重新弥合后的新枝与老干树皮颜色的差异。我便有了灾难之后的完全的欣慰。尤其让我格外惊喜的是，广玉兰开花了。枝叶太过繁密，几朵紫红色的花朵夹在树叶之间，不拨开枝叶竟难以发现。我似乎不大在意这花的色彩，也不甚在意这花朵夹在枝叶之间难得赏心悦目，我栽广玉兰的着意处，原本是为着冬日的小院有一派绿色。

山枯水瘦万木萧条的隆冬季节，回到祖屋小院，我能看到蓬勃的绿树绿叶。

初春的刚刚明媚的阳光里，回到祖屋小院，我可以尽情观赏洁白如玉的玉兰花。

这方久蓄着许多代先人命运的沉重气氛的小院里，平添了绿叶的鲜活和玉兰花的柔媚。我回归的向往便铸成永久。

2011 年 5 月 4 日　二府庄

# 在河之洲

汽车驶出古城西安东门，不久就进入麦深似海的关中平原的腹地。时令刚交上五月，吐穗扬花的小麦一望无际，眼前是嫩滴滴的密密匝匝的麦叶麦穗，稍远就呈现为青色了。放开眼远眺，就是令人心灵震颤的恢宏深沉的气象了。东过渭河，田堰层叠的渭北高原，在灰云和浓雾里隐隐呈现出独特的风貌，无论立陡的险塬，无论舒缓的慢坡，都被青葱葱的麦子覆盖着，如此博大深沉，又如此舒展柔曼，无法想象仅仅在两个月之前的残破与苍凉，顿然发生对黄土高原深蕴不露的神奇伟力的感动。

我的心绪早已舒展欢愉起来，却不完全因为满川满原的绿色的浸染和撩拨，更有潜藏心底的一个极富诱惑的企盼，即将踏访两千多年前那位“窈窕淑女”曾经生活和恋爱的“在河之洲”了。确切地说，早在几天之前朋友相约的时候，我的心里就踊跃着期待着，去看那块神秘莫测的“在河之洲”。

我是少年时期在初中语文课本上，初读那首被称作中国第一首爱情诗歌的。无须语文老师督促，一诵我便成记了，也就终生难忘了。“关关雎鸠，在河之洲；窈窕淑女，君子好逑。”许是少年时期特有的敏感，对那位好逑的君子不大感兴趣，甚至有莫名的逆反式的嫉妒，一个什么样的君子，竟然能够赢得那位窈窕淑女的爱？在河之洲，在哪条河边的哪一块芳草地上，曾经出现过一位窈窕淑女，而且演绎出千古诵唱不衰的美丽的爱情诗篇？神秘而又圣洁的“在河之洲”，就在我的心底潜存下来。后来听说这首爱情绝唱就产生在渭北高原，却不敢全信，以为不过是传说罢了，而渭河平原的历史传说太多太多了。直到朋友约我的时候，确凿而又具体地告诉我，在河之洲，就是渭北高原合阳县的洽川，这是大学问家朱熹老先生论证勘定的。朱熹著《诗集传》里的《关雎》篇，以及《大雅·大明》的注释，有“在洽之阳，在渭之涘”可佐证，更有“洽，水名，本在今同州郃阳夏阳县”，指示出不容置疑的具体方位。郃阳即今日的合阳县，二十世纪五十年代还沿用古体合字作为县名，后来为图得简便，把右边的耳朵削减省略了，合阳县就成今天通用的合阳县了。洽水在合阳县投入黄河，这一片黄河道里的滩地古称洽川，就是千百年来让初恋男女梦幻情迷的“在河之洲”。我现在就奔着那方神秘而又圣洁的芳草地来了。

远远便瞅见了黄河。黄河紧紧贴着绵延起伏的群山似的断崖的崖根，静静地悄无声息地涌流着。黄河冲出禹门，又冲出晋陕大峡谷，到这里才放松了，温柔了，也需要抒情低吟了，抖落下沉重的泥沙，孕育出渭北高原这方丰饶秀美的河洲。这是令人一瞅就感到心灵震颤的一方绿洲，顿然便自惭想象的狭窄和局限。这里坦坦荡荡铺展开的绿莹莹的芦苇，左望不见边际，右眺也不见边际，沿着黄河也装饰着黄河，竟有三万多亩，那一派芦苇的青葱的绿色所蕴聚的气象，在人初见的一瞬便感到巨大的摇撼和震颤。我站在坡坎上，久久说不出一句话来，那方自少年时代就潜存心底的“在河之洲”，完全不及现实的洽川之壮美。

芦苇正长到和我一般高，齐刷刷，绿莹莹，宽宽的叶子上绣积着一层茸茸白毛，纯净到纤尘不染。我漫步在芦苇荡里青草铺垫的小道上，似可感到正值青春期的芦苇的呼吸。我自然想到那位身姿窈窕的淑女，也许在麦田里锄草，在桑树上采摘桑叶，在芦苇丛里聆听鸟鸣，高原的地脉和洽川芦荡的气韵，孕育出窈窕壮健的身姿和洒脱清爽的质地，才会让那个万众景仰的周文王一见钟情，倾心求爱。我便暗自好笑少年时期自己的无知与轻狂，好逑的君子可是西周的周文王啊，哪里还有比他更能称得起君子的君子呢！一个君王向一个锄地割麦采桑养蚕的民间女子求爱，就在这莽莽苍苍郁郁葱葱的芦苇荡里，留下《诗经》开篇的爱情诗篇，萦绕在这个民族每一个子孙的情感之湖里，滋润了两千余年，依然在诵着吟着品着咂着，成了一种永恒。

雨下起来了。芦苇荡里白茫茫一片铺天盖地的雨雾，腾起排山倒海般雨打苇叶的啸声，一波一波撞击人的胸膛。走到芦苇荡里一处开阔地时，看到一幅奇景，好大的一个水塘里，竟然有几十个人在戏水，男人女人，年轻人居多，也有头发稀落皮肉松弛的上了年岁的人。这个时月里的渭北高原，又下着大雨，气温不过十度，那些人只穿泳衣在水塘里戏闹着，似乎不可思议。这是一个温泉，名处女泉，大约从文王向民间淑女求爱之前就涌流到今天了。温泉蒸腾着白色的水汽，像一只沸滚的大锅，一团一团温热湿润的水汽向四周的芦苇丛里弥漫，幻如仙境。洽川人得了这一塘好水，冬夏都可以尽情洗浴了，自古形成一个风俗，女子出嫁前夜，必定到处女泉净身，真是如诗如画。洽川这种温泉在古籍上有一个怪异的专用汉字：瀵。自地下冒涌出来，冲起沙粒儿，对浴者的皮肤冲击搓磨，比现代浴室超豪华设施美妙得远了。在洽川，这样的瀵泉有多处，细如蚁穴，大如车轮。《水经注》等多种典籍都有生动具体的描绘。现在成了各地旅客观赏或享受沙浪浴的好去处了。

这肯定是我见过的最绝妙的温泉了，也肯定是我观赏到的最壮观最气魄的芦苇荡了，造化给缺雨干旱的渭北高原赐予这样迷人的一方绿地一塘好水，弥足珍贵。我在孙犁的小说散文里领略过荷花淀和芦苇荡的诗意美，前不久从媒体上看到有干涸的危机，不免扼腕；从京剧《沙家浜》里知道江南有一气可藏匿新四军的芦苇荡，不知还有芦苇否？芦苇丛生的湿地沙滩，被誉为地球的肺。无须特意强调，谁都知道其对于人类生存不可或缺的功能。

我便庆幸，在黄河滩的洽川，芦苇在蓬勃着，温泉在涌着冒着，现代淑女和现代君子，在这一方芳草地上，演绎着风流。

2004年9月21日　雍村

# 接通地脉

约略记得那是麦收后抢时播种玉米的最紧火的时节，年轻的村长掮着铁锨走进我的院子，高挽到膝盖的裤管下是沾着泥水的赤脚。我让座。他不坐，连肩头的铁锨也不放下来，一副急不可待的架势，倒是不拒绝我递给他的一支烟。他说，你去把场塄下那二分地种上苞谷，到时候娃们也有嫩苞谷穗吃嘛！

我一时竟然很感动，却有点儿犹豫。我在两年前调入省作协当上专业作家，妻子和孩子的户籍也随之从乡村转入城市，刚刚分到手且收获过一料麦子的责任田，又统统交回村委会重新分配给其他村民了。专业作家对我至关重要的含义，就是可以由我支配自己的时间和生命行程了。几乎就在那一年，我索性决定从城镇回归乡村老家。我在祖居的屋院里读中国新时期文学一浪高过一浪的小说，读着刚刚翻译过来的陌生的世界名著，也写着我的小说，是一个不再依赖土地丰歉生存着的乡村人了。村里的乡亲有人送来一把春天的头一茬韭菜、几个刚刚孕肥的嫩苞谷穗子、一篮沾着湿土的红苕，常常引发我内心的微妙感慨，过去我曾拿着这些东西送给西安城里的朋友，现在我自己反倒成为接受者了。我在接过一把韭菜一篮红苕几个嫩苞谷穗子的时候，分明意识到我和这块土地依存的关系割断了，尽管还住在祖居的老屋里，尽管出出进进还踩踏着这方土地，却无法改变心底那一缕隐隐的空虚的发生。我对村长好心好意的提议之所以犹疑不定，是因为我已无资格耕种哪怕巴掌大一块土地了。

村长显然早已揣透了我的顾虑，解释说，村口场塄下这一畛子地，猪拱鸡刨，你交回的那二分地分给谁谁都不要，这几年都荒着，你种点儿苞谷谁也没意见……说罢转身出门去了。

我便种上了苞谷。这二分地在村子东头的场塄下。当年的新一茬的蒿草正长到旺盛时，比我还高出半头。我丢剥了长袖衣和长裤，握一把磨得锋利的草镰，把蒿草齐摆摆砍掉割尽，再用镢头把庞大的根系一一刨挖出来。因为天旱土壤干硬，也因为几年荒芜土质板结，牛拽的犁铧开掘不动，只能用双刺镢头开挖，再把大块硬土敲碎，点种下苞谷种子。大约整整干了三天，案头正在写作的小说或散文全部撇下，连钢笔也没有扭开，手掌上的血泡用纱布缠了几层，仍有血丝渗出来。又过了几天，于夕阳沉落西原的傍晚，我在湿漉漉的地皮上看见一根根刚冒出来的嫩黄的旋管状的苞谷苗子时，心底发生了好一阵响动。我坐在被太阳晒得温热的土塄上，感觉到与脚下这块被许多祖宗耕种过的土地的地脉接通了，我周身的血脉似乎顿然间都畅流起来了。

我在这二分地里间苗定苗，锄草施肥。三伏的大旱时节，村长便安排村民开动抽水机灌溉，轮到我的地头的时候，我便脱了鞋子，用铁锨挖开灌渠的口子把水放进地里，双脚踩着沁人肌肤的井水，让每一株苞谷都浇灌得足饱。眼瞅着苞谷拔节了，冒出天花和红缨来，绿色的苞谷穗子日渐肥大起来，剥开一条缝儿，已经孕出白色的一排排颗粒，用指甲轻轻掐一下，牛奶似的稠汁迸溅到我脸上。我掰下一篮，剥去绿色的皮壳，等待周末从寄宿中学回家的女儿，那是作为一个父亲最温馨的等待时刻。

我后来在这二分地里种过洋芋（土豆），收获的果实堆在屋角，有亲友来家，便作为礼物相送。也种过白菜和萝卜，不知是技术不得要领，还是种子不好，那白菜只长菜叶不包心，只能窝泡酸菜；萝卜又瓷又硬，熬煮勉强可食，生吃很不是滋味。只有栽种大葱大获成功，许是我勤于松土，那葱长得又粗又高，葱白尤其多，做料子菜自不必说，剥了皮生吃也很香甜，我常常是一口馍一口生葱吃得酣畅淋漓。我在务这二分地里的庄稼和蔬菜的劳动中，渐渐稀少了到河堤散步的习惯，或者说替代了。我在一天的阅读或写作之后，傍晚时分习惯到灞河边上散步，活动一下在桌椅间窝蜷了一天的腰和腿。河堤内侧的滩地里是汗流浃背忙于做事的男人和女人，河堤外侧的沙滩上是割草放羊的孩子，我往往在那种环境里感到不自在，很难生出古典和现代才子们赏山阅水的情致来。现在，当我在那二分地里为苞谷除草或为大葱培壅黄土的时候，满脸汗水满手土屑，猛不防会有一个我能闻声辨人的人发出的声音："还是把式咯！"然后就在地头坐下来，或者他抽我递给他的雪茄，或者我抽他的旱烟，然后说他儿子或女儿遇着什么难事了，需得我去帮忙交涉，我比他的“面子”大哇……我往往在那种时刻，比之在河堤上散步时的感觉稍好。

这几年间，大概是我写作生涯中最出活儿的一段时光，无论是中篇《蓝袍先生》《四妹子》《地窖》等，以及许多短篇小说，还有费时四年的长篇《白鹿原》，我在书案上追逐着一个个男女的心灵，屏气凝神专注无杂，然后于傍晚到二分地里来挥镢把锄，再把那些缠绕在我心中的蓝袍先生四妹子白嘉轩田小娥鹿子霖黑娃们彻底排除出去，赢得心底和脑际的清爽。只有专注的体力劳作，成为我排解那些正在刻意描写的人物的有效举措之一，才能保证晚上平静入眠，也就保证了第二天清晨能进入有效的写作。这真是一种无意间找到的调节方式，对我却完全实用。无论在书桌的稿纸上涂抹，无论在二分地里务弄苞谷蔬菜，这种调节方式的科学性能有几何？对我却是实用而又实惠的方式。我尽管朝夕都生活在南原（白鹿原）的北坡根下，却从来没有陶渊明采菊时的悠然，白嘉轩们的欢乐和痛苦同样折腾得我彻夜失眠，小娥被阿公鹿三从背后捅进削标利刃时回头的一声惨叫，令我眼前一黑钢笔颤抖……我在二分地的苞谷苗间大葱行间重归沉静。

记不清是哪一年了，陕北榆林一位青年诗人送我一小袋扁豆，这是夏天喝稀饭的好作料。因为产量太低，扁豆在关中地区早都绝种了。我倍加珍惜的一个缘由，是我生在三伏，又缺奶，母亲用白面熬煮的扁豆喂活了我。直到我的孩子已经念大学的时候，母亲往往面对牛奶面包而引发出扁豆救命的老话。我在重新品尝救命的扁豆稀饭之后，留下一部分种子，当年秋天种到我的二分地里，长出苗儿来，年龄在中年以下的农民竟不认识是何物。扁豆长得很好，绿茵茵罩满地皮，常常引来许多村民围观。扁豆比麦子早熟，在大麦成熟小麦硬粒的时候成熟了。我准备近日收割，自然跃跃，慷慨地答应过几个村民讨要种子的事。不料，当我提着镰刀走到二分地头，扁豆秧子竟然一株都不见了。我愣在那里，半天回不过神来。肯定是昨晚被谁偷割了。我其实也没有生多大的气，只是有点儿怨气，怨这人做得太过，该当给我留下一小块，我好留得种子。

那是至今依旧令我向往而无法回归的年月和光景。

2007 年 1 月 4 日　二府庄

# 排山倒海的炮声

交上农历腊月，在冰雪和凛冽的西风中紧缩了一个冬天的心，就开始不安生地蹦跳了。腊月初五吃“五豆”，整个儿村子家家户户都吃用红豆绿豆黄豆赤豆黑豆和苞谷或小米熬烧的稀饭。腊月初八吃“腊八”，在用大米熬烧的稀饭里煮上手擀的一指宽的面条，名曰“腊八面”，不仅一家大小吃得热气腾腾，而且要给果树吃。我便端着半碗腊八面，先给屋院过道里的柿子树吃，即用筷子把面条挑起来挂到树干上，口里诵唱着“柿树柿树吃腊八，明年结得疙瘩瘩”。随之下了门前的塄坎到果园里，给每一棵沙果树、桃树和木瓜树的树干或树枝上都挂上面条，反复诵唱那两句歌谣。到腊月二十三晚上，是祭灶神爷的日子，民间传说这天晚上灶神爷要回天上汇报人间温饱，家家都烙制一种五香味儿的小圆饼子，给灶神爷带上走漫漫的上天之路做干粮，巴结他“上天言好事，入地降吉祥”。当晚，第一锅烙出的五香圆饼先献到灶神爷的挂像前，我早已馋得控制不住了，便抓起剩下的圆饼咬起来，整个儿一个冬天都吃着苞谷面馍，这种纯白面烙的五香圆饼甭提有多香了。

乡村里真正为过年忙活是从腊月二十开始的，淘麦子，磨白面，村子里两户人家置备的石磨，便一天一天都被预订下来，从早到晚都响着有节奏的却也欢快的摇摆罗柜的咣当声。轮到我家磨面的时候，父亲扛着装麦子的口袋，母亲拿着自家的木斗和分装白面和下茬面的布袋，我牵着自家槽头的黄牛，一起走进石磨主人家，从心里到脸上都抑制不住那一份欢悦。父亲在石磨上把黄牛套好，往石磨上倒下麦子，看着黄牛转过三五圈，就走出磨坊忙他的事去了。我帮母亲摇摆罗柜，或者吆喝驱赶偷懒的黄牛，不知不觉间，母亲头顶的帕子上已落下一层细白的粉尘，我的帽子上也是一层。

到春节前的三两天，家家开始蒸包子和馍，按当地风俗，正月十五之前是不能再蒸馍的，年前这几天要蒸够一家人半个多月所吃的馍和包子，还有走亲戚要送出去的礼包。包子一般分三种，有肉做馅儿的肉包和用剁碎的蔬菜做馅儿的菜包，还有用红小豆做馅儿的豆包。新年临近的三两天里，村子从早到晚都弥漫着一种诱人的馍的香味儿，自然是从这家那家刚刚揭开锅盖的蒸熟的包子和馍上散发出来的。小孩子把白生生的包子拿到村巷里来吃，往往还要比一比谁家的包子白谁家的包子黑，无论包子黑一成或白一成，都是欢乐的。我在母亲揭开锅盖端出第一箅热气蒸腾的包子时，根本顾不上品评包子成色的黑白，抢了一个，烫得两手倒换着跑出灶房，站到院子就狼吞虎咽起来，过年真好！天天过年最好。

大年三十的后晌是最令人激情欢快的日子，一帮会敲锣鼓家伙的男人，把陈姓为主的村子公有的乐器从楼上搬下来，在村子中间的广场上摆开阵势，敲得整个儿村庄都震颤起来。女人说话的腔调提高到一种亮堂的程度，男人也高声朗气起来，一年里的忧愁和烦恼都在震天撼地的锣鼓声中抖落了。女人们继续在锅灶案板间忙着洗菜剁肉。男人们先用小笤帚扫了屋院，再捞起长把长梢的扫帚打扫街门外面的道路，然后自写或请人写对联贴到大门两边的门框上。最后一项最为庄严的仪程，是迎接列祖列宗回家。我父亲和两位叔父带着各家的男孩儿站在上房祭桌前，把卷着的本族本门的族谱打开舒展，在祭桌前挂起来，然后点着红色蜡烛，按照辈分，由我父亲先上香磕头跪拜三匝，两位叔父跪拜完毕，就轮到我这一辈了。我在点燃三支泛着香味儿的紫香之后插进香炉，再跪下去磕头，隐隐已感觉到虔诚和庄严。最后是在大门口放雷子炮或鞭炮，迎接从这个或那个坟墓里归来的先祖的魂灵。整个儿陈姓氏族的大族谱在一户房屋最宽敞的人家供奉，在锣鼓和鞭炮的热烈声浪里，由几位在村子里有代表性的人把族谱挂在祭桌前的墙上，密密麻麻按辈分排列的族谱整整占满一面后墙内壁。到第二天大年初一吃罢饺子，男性家长领着男性子孙到这儿来祭拜，我是跟着父亲的脚后跟走近祭桌的，父亲烧了香，我跟他一起跪下去磕头，却有不同于自家屋里祭桌前的感觉，多了一缕紧张。

对幼年的我来说，最期盼的是尽饱吃纯麦子面的馍和包子与用豆腐黄花韭菜和肉丁做臊子的臊子面，吃是第一位的。再一个兴奋的高潮是放炮，天上满是星斗，离太阳出来还早得很，那些心性要强的人就争着放响新年第一声炮了。那时候整个儿村子也没有一只钟表，争放新年第一炮的人坐在热炕头，不时下炕走到院子里观看星斗在天的位置，据此判断，旧年和新年交接的那一刻。我的父亲尽管手头紧巴，炮买得不多，却是个争放新年早炮的人。我便坐在热炕上等着，竟没了瞌睡，在父亲到院子里观测过三四次天象以后，终于说该放炮了，我便跳下炕来，和他走到冷气沁骨的大门外，看父亲用火纸点燃雷子炮，一抡胳膊把冒着火星的炮甩到空中，发出一声爆响，接连着这种动作和大同小异的响声，我有一种陶醉的欢乐。

真正令我感到陶醉的炮声，是二十世纪刚刚交上八十年代的头一两年。一九八一年或一九八二年，大年三十的后晌，村子里就时断时续着炮声，一会儿是震人的雷子炮，一会儿是激烈的鞭炮的连续性响声。这个时候已经早都不再祭拜陈氏族谱了，本门也不祭拜血统最直接的祖先了，“文革”的火把那些族谱当作“四旧”统统烧掉了，我连三代以上的祖先的名字都搞不清了。家家户户依然淘麦子磨白面蒸馍和包子，香味儿依然弥漫在村巷里，男性主人也依然继续着打扫屋院和大门外的道路，贴对联似乎更普遍了。父亲已经谢世，我有了一只座钟，不需像父亲那样三番五次到院子里去观测星斗转移，时钟即将指向十二，我和孩子早已拎着鞭炮和雷子炮站在大门外了。我不知出于何种意向，纯粹是一种感觉，先放鞭炮，连续热烈的爆炸，完全融合在整个儿村庄的鞭炮的此起彼伏的声浪中，我的女儿和儿子捂着耳朵在大门口蹦着跳着，比当年我在父亲放炮的时候欢实多了。我在自家门口放着炮的时候，却感知到一种排山倒海的爆炸的声浪由灞河对岸传过来，隐隐可以看到空中时现时隐的爆炸的火光。我把孩子送回屋里，便走到场塄边上欣赏远处的炮声，依旧连续着排山倒海的威势，时而奇峰突起，时而群峰挤拥。我的面前是夜幕下的灞河，河那边是属于蓝田县辖的一个挨一个或大或小的村庄，在开阔的天地间，那起伏着的炮声洋溢着浓厚深沉的诗意。这是我平生所听到的家乡的最热烈的新年炮声，确实是前所未有。我突然明白过来，农民吃饱了！就是在这一年里，土地下户给农民自己作务，一年便获得缸溢囤满的丰收，从年头到年尾只吃纯粹的麦子面馍了，农民说是天天都在过年。这炮声在中国灞河两岸此起彼伏经久不息地爆响着，是不再为吃饭发愁的农民发自心底的欢呼。我在那一刻竟然发生心颤，这是家乡农民集体自发的一种表达方式，是最可靠的，也是“中国特色”的民意表述，世界上再也找不到可以类比的如同排山倒海的心声表述了。

还有一个纯属个人情感的难忘的春节，那是农历一九九一年的大年三十。腊月二十五下午写完《白鹿原》的最后一句，离春节只剩下四五天了，两三个月前一家人都搬进西安，只留我还坚守在这祖传的屋院里。大年三十后晌，我依着乡俗，打扫了屋院和门前的道路，我给自家大门拟了一副隐约着白鹿的对联，又给热心的乡亲写了许多副对联。入夜以后，我把屋子里的所有电灯都拉亮，一个人坐在火炉前抽烟品酒，听着村子里时起时断的鞭炮声。到旧年的最后的两分钟，我在大门口放响了鞭炮，再把一个一个点燃的雷子炮抛向天空。河对岸的排山倒海的炮声已经响起，我又一次站在寒风凛冽的场塄上，听对岸的炮声涌进我的耳膜，激荡我的胸腔。自二十世纪八十年代初形成的这种热烈的炮声，一直延续到现在，年年农历三十夜半时分都是排山倒海的炮声，年年的这个时刻，我都要在自家门前放过鞭炮和雷子炮之后，站在门前的场塄上，接受灞河对岸传来的排山倒海的炮声的洗礼，接纳一种激扬的心声合奏，以强壮自己。一九九一年的大年三十，我在同样接纳的时刻不由得转过身来，面对星光下白鹿原北坡粗浑的轮廓，又一次心颤，你能接纳我的体验的表述吗？这是我最后一次聆听和接纳家乡年夜排山倒海的炮声。

2008 年 1 月 31 日　二府庄

# 难忘一种鸟叫声

在乡村生活和工作的几十年里，每到公历五月中下旬的初夏时节，无论是行走在乡间土路上，抑或是坐在月光朦胧的自家小院里，都会听到“算黄算割——算黄算割”的鸟叫声。在乡村叫得上和叫不上名字的诸多鸟中，最让人亲切的鸟叫声，莫过于这种被乡人称作“算黄算割”的鸟了。没有任何神秘的因由，这种鸟叫声提醒庄稼人，麦子黄熟一点儿就要及时收割一点儿，不能等得整块麦子全黄熟了才收割。那样往往会被骤来的暴风雨毁了成熟的也是即将到口的麦子。其实，麦子一边黄熟一边收割，这是任何一个庄稼人都明白的常识，谁也不会太在乎空中响着的这种“提醒”。然而，人们对“算黄算割”的鸟鸣声和对这种鸟的亲切感，在于它传达的小麦即将成熟的喜讯。对喝了一个冬天又一个春天的苞谷糁子的庄稼人来说，麦子成熟最切实的意义，便是碗里可以挑出美味的面条了，锅里可以烙出酥脆的白面锅盔了。尤其是那些日子过得紧巴到吃上顿愁下顿的人家，早已瞪着眼瞅着麦苗返青，拔节，吐穗，扬花，再由绿变黄，“算黄算割”的鸟叫声，既撩拨着他们急不可待的心，也搅动着他们亏欠太久的饱腹的欲望。

在我幼年的记忆里，虽然没有饥饿，却对纯粹的白面馍馍有一种本能的期盼，盼到过年，可以吃到白面包子、饺子和臊子面，过罢初五，就换成苞谷面馍了。再盼到收割麦子，打下新麦，直到地净场光，大约半个月，馍和面条都是新麦磨下的纯白面做的，之后又以苞谷、豌豆等杂粮为生了，正所谓“跟着碾麦子的碌碡过个年”。打下第一场新麦，磨下白面，母亲总要先烙一张焦黄酥脆的锅盔，为割麦子拉运麦子碾打麦子没黑没白劳作的父亲改善生活。我却早已迫不及待地守候在锅台边，看着母亲把擀好的白面锅盔放进锅里，当即发出吱吱吱的响声，便有香味儿弥散开来。及至三翻三扣，满屋满院都漫浮着锅盔的香气，我早已口水连连下咽了。母亲把烫手的锅盔从锅里拎起，旋即摆放到案板上，拿起切面刀切成大小匀称的方块。我急不可待从她刀下抓过一块还有点儿烫手的锅盔，咬出嘎嘣脆响的声音，那是美味香甜到刻骨铭心的吃食了……我对“算黄算割”鸟叫声的敏感，源自幼年的生存感受，即使活到这把年纪，每到初夏时节，在城市的街巷里听到树梢上一声连一声的“算黄算割”的叫声，脑子里便浮出在案板上从母亲刀下抓过锅盔的情景，口中似乎有口水溢出……

同时浮现于脑际的图像却有点儿不堪，那是在收割过麦子的麦茬地里搂拾遗丢的麦穗的情景。父亲和母亲收割完一块地里的麦子，母亲回家做饭，父亲用木轮推车把一捆捆麦子拉运回麦场上，麦茬地里遗丢的零散麦穗，要用竹篾或铁丝制作的一个大筢子搂拾，这是我要干的活儿。其实不单是我，凡能拖动那把筢子的农村男孩儿，都要干这种劳动。其实那筢子的分量并不重，搂拾的麦秆麦穗也已晒干，没有多少重量，难耐的是头顶火辣辣的太阳，直晒得裸露的胳膊由红变黑，再脱下一层层白色的皮来。在河川的小块水田里，地头有白杨树，搂到地头可以在树荫下乘一会儿凉，还可以从水渠里撩水洗脸。最难受的是在坡地上，地块大，周边见不到一棵树，更见不到一滴水，拖着筢子从地这头搂到那头，再从那头搂到这头，头顶的大太阳晒着，脚下的麦茬地也像火烤一样，满脸满身都流出汗水，直到没有汗水可以流出，喉咙里也似乎有一种着火的焦灼。这是我幼年从事的劳动项目中最不堪的一种。父亲又拉着空车到地里来装麦捆，大约看到我不堪忍受乃至气急败坏的脸色，没有安慰或劝导，只是平静地说一句，这会儿你想一想白面锅盔就好办了……

后来上了中学，读到唐诗“锄禾日当午，汗滴禾下土。谁知盘中餐，粒粒皆辛苦”。我不是听人教诲之后才得知，而是在能拖动那把搂拾麦穗的竹筢的幼年就知道了“粒粒皆辛苦”的道理，是用流尽汗水再无汗水流出的切身感受获得的生存道理，盘中的餐更具体为母亲案板上的一块锅盔，或一碗纯粹麦子白面做成的面条。我对这位已记不得名字的诗人产生了敬重和亲近感。

记不清哪年看到一幅画，是一个拾麦穗的女孩儿，扎着羊角辫儿，穿着红兜肚，模样是天然的好看，正在收割过麦子的麦茬地里捡拾麦穗。我看见这幅画面，当即想到我拖着筢子搂拾麦穗的情景。我体会到的不堪和画面上那阳光而又富于诗情的美形成反差。我拾麦和搂麦是生活真实，画面上拾麦穗的女孩儿形象展现的是艺术化了的生活，未必要把拾穗者被太阳炙烤得淋漓的汗水和脱皮的肌肤的不雅画出来，那样就缺少诗性的浪漫诗性的美了。

生活真实和艺术真实是个大命题，我从喜欢上文学就面对这个命题了，几十年过来，依旧朦朦胧胧莫衷一是，姑且不赘。倒是宁可淡忘幼年搂麦穗拾麦穗的记忆，多欣赏画中所洋溢的诗性韵味，当会有一种解脱的轻松。

2012年7月31日　二府庄

# 第❷辑

# 书香：少壮工夫老始成

# 第一次借书和第一次创作

——我的读书故事之一

上到初中二年级，中学语文老师搞了一次改革，把语文分为文学和汉语两种课本。汉语只讲干巴巴的语法，是我最厌烦的一门功课，文学课本收录的尽是古今中外的诗词散文小说名篇，我最喜欢了。

印象最深的一篇课文是《田寡妇看瓜》，一篇篇幅很短的小说，作者是赵树理。我学了这篇课文，有一种奇异的惊讶，这些农村里日常见惯的人和事，尤其是乡村人的语言，居然还能写文章，还能进入中学课本，那这些人和事还有这些人说的这些话，我知道的也不少，我也能编这样的故事，写这种小说。

这种念头在心里悄悄萌生，却不敢说出口。穿着一身由母亲纺纱织布再缝制的对襟衣衫和大裆裤，在城市学生中间无处不感觉卑怯的我，如果说出要写小说的话，除了嘲笑再不会有任何结果。我到学校图书馆去了，这是我平生第一次踏进图书馆的门，冲着赵树理去的。我很兴奋，真的借到了赵树理的中篇小说单行本《李有才板话》，还有一本短篇小说集，名字记不得了。我读得津津有味，兴趣十足，更加深了读《田寡妇看瓜》时的那种感觉，这些有趣的乡村人和乡村事，几乎在我生活的村子都能找到相应的人。这里应该毫不含糊地说，这是我平生读的第一本和第二本小说。

我真的开始写小说了。事也凑巧，这一学期换了一位语文老师，是师范大学中文系刚刚毕业的车老师，不仅热情高，而且有自己一套教学方法。尤其是作文课，他不规定题目，全由学生自己选题作文，想写什么就写什么。这真是令我鼓舞，便在作文本上写下了短篇小说《桃园风波》，有三四千字或四五千字。我也给我写的几个重要的人物都起了绰号，自然是从赵树理那儿学来的。赵树理的小说里，每个人物都有绰号。故事都是我们村子发生的真实故事，农业生产合作社由初级转入高级，把留给农民的最后一块私有田产——果园也归集体，包括我们家的果园也不例外。在归公的过程中，发生了许多冲突事件，我依一个老太太的事写了小说。同样不能忘记的是，这是我写作的第一篇小说，已不同于以往的作文。这年我十五岁。

车老师给我的这篇小说写了近两页评语，自然是令人心跳的好话。那时候仿效苏联的教育体制，计分是五分制，三分算及格，五分算满分，车老师给我打了五分，在五字的右上角还附添着一个加号，可想而知其意蕴了。我的鼓舞和兴奋是可想而知的，同桌把我的作文本抢过去看了老师用红色墨水写的耀眼的评语，一个个传开看，惊讶我竟然会编小说，还能得到老师的好评。我在那一刻里，在城市学生中的自卑和畏怯得到缓解，涨起某种自信来。

我随之又在作文本上写下第二篇小说《堤》，也是村子里刚成立的农业社封沟修小水库的事。车老师把此文推荐到语文教研组，被学校推荐参加西安市中学生作文比赛评奖。车老师又亲自用稿纸抄写了《堤》，寄给陕西作家协会的文学刊物《延河》。评奖没有结果，投稿也没有结果。我却第一次知道了《延河》，也第一次知道发表作品可以获取稿酬。许多年后，当我走进《延河》编辑部，并领到发表我的作品的刊物时，总是想到车老师，还有赵树理的田寡妇和李有才。

2007年12月10日　二府庄

# 在灞河眺望顿河

## ——我的读书故事之二

我准确无误地记得，平生阅读的第一部外国文学作品，是肖洛霍夫的《静静的顿河》。

我读初中二年级时，换来一位刚从大学中文系毕业的语文老师，姓车。他不仅让学生自选作文题，想写什么写什么，而且常常逸出课本，讲些当代文坛的趣事。那时正当“反右”，他讲了少年天才作家刘绍棠当了“右派”的事。我很惊讶，便到学校图书馆借来刘绍棠的短篇小说集《山楂村的歌声》，读得很入迷且不论，在这本书的“后记”里，刘绍棠说他最崇拜的作家是肖洛霍夫，我就从这儿知道了《静静的顿河》。捺着性子等到放暑假，我把四大本《静静的顿河》借来，背回乡村家里。

我的年龄不够农业合作社出工的资格，便和伙伴们早晚两晌割草，倒不少挣工分。逢着白鹿原上两个集镇的集日，光一天后晌在农业社菜园趸了黄瓜、茄子、西红柿、大葱等蔬菜，天不明挑着菜担去赶集，一次能挣块儿八毛的，到开学就挣够学费了。割草卖菜的间隙和阴雨天，我在老屋后窗的亮光下，领略顿河草原的美丽风光，骁勇剽悍的格里高利和风情万种的阿克西妮娅。

小说里的顿河总是和我家门口的灞河混淆，顿河草原上的山冈，也总是和眼前的骊山南麓的岭坡交替叠映。我和伙伴坐在坡沟的树荫下，说着村子里的这事那事，或者是谁吃了什么好饭，等等，却不会有谁猜到我心里有一条顿河，还有哥萨克小伙子格里高利和阿克西妮娅。我后来才意识到，在那样的年龄区段里感知顿河草原哥萨克的风情人情，对我的思维有着非教科书的影响，尽管我那时对这部书的历史背景模糊不清。我后来喜欢译文本，应该是从这次《静静的顿河》的阅读引发的。此后便基本不读“说时迟那时快”和“且听下回分解”的句式了。

书念到高中阶段，我在学校图书馆发现了肖洛霍夫的一本短篇小说集《顿河故事》，便借来读。平时功课紧张不敢分心，往往是周六回家时，沿着灞河河堤一路读过去，除了偶尔有自行车或架子车，不担心任何机动车辆撞碰。这部集子收录了大约二十个短篇小说，一篇一个故事，集中写一个或两个人物，几乎都是顿河早期革命的故事，篇篇都写得惊心动魄。这是肖洛霍夫写作《静静的顿河》之前的作品，可以看作练笔练功夫的基础性写作，却堪为短篇小说典范。

到二十世纪六十年代，我高考名落孙山，回到老家做乡村教师，确定把文学创作正经作为理想追求时，从灞桥区文化馆图书室借到肖氏的另一部长篇小说《被开垦的处女地》。小说写的是苏联搞集体农庄的故事，使我感到可触摸可感知的亲切，总是和我身在的农业合作社的人与事联系起来，设想把作品中的人物名字换成中国人的名字，可以当作写中国农业合作化的小说。

直到前几年，我才读了他的那篇超长短篇小说《一个人的遭遇》，这是他最后一部影响深远的作品，算是把他的主要著作都拜读了。写作这个短篇小说时的肖洛霍夫，从精神和心理气象上看，完全蝉蜕为一个冷峻的哲思者了。他完成了生命的升华。

2008 年 1 月 17 日　二府庄

# 一个空前绝后的数字

## ——我的读书故事之三

柳青长篇小说《创业史》的阅读，在我几乎是大半生的沉迷。

那是一九五九年的春天，我从报纸上看到，柳青新著长篇小说《创业史》，即将在《延河》杂志连载的消息，早早俭省下两毛钱等待着。我上到初三时，转学到离家较近的西安市十八中学，在纺织城东边，背馍上学少跑十多里路。当我从纺织城邮局买到泛着油墨气味的《延河》时，正文第一页的通栏标题是手书体的《稻地风波》(初定名)，背景是素描的风景画，隐没在雾霭里的终南山，一畦畦井字形的稻田，水渠岸边一排排迎风摇动的白杨树，是我自小看惯了的灞河风景，现在看去别有一番盎然诗意。当我急匆匆返回学校，读完作为开篇的《题叙》，便有一种从未发生过的特殊的阅读感受洋溢在心中。

这个小说巨大的真实感和真切感，还有语言的深沉的诗性魅力，尤其是对关中人情的细腻而透彻的描写，不仅让我欣赏作品，更让我惊讶自己生活的这块土地，竟然蕴藏着可资作家进行创作的丰富素材。或者说白了，我所熟视无睹的乡村的这些人和事，在柳青笔下竟然如此生动而诱人。我第一次开始关注自己生活的这块土地。我几次忍不住走出学校大门，门外便是枣园梁上正待抽穗的无边的麦田，远处便是隐隐约约可见山峰沟岩的终南山，在离我不过四五十里地的神禾塬下，住着柳青。我的发自心底的真诚的崇拜发生了。十二三年后，"文革"中备受折磨的柳青获得"解放"，我在大厅里听柳青讲创作时，第一眼看见不足一米六个头、留着黑色短发的柳青，顿然想到我在枣园梁校门口眺望终南山的情景。三十四五年后的初夏时节，我和长安县的同志在柳青坟头商议陵园修建工程，眼见着柳青坟墓被农民的圈粪堆盖着，我又想到十七岁时在枣园梁上的眺望。

后来我到位于灞桥镇的西安三十四中学读高中。镇上的邮局不售《延河》，阅读中断了。随之得知巴金主编的《收获》一次刊发《创业史》，我托在西安当工人的舅舅买到了这期《收获》，给我送到学校，我几乎是置功课于不顾而读完了《创业史》(第一部)。我在该书发行单行本的时候，又托舅舅买了首版《创业史》。我对文学的兴趣已经几乎入迷，对这部小说的反复阅读当是一个主要诱因。高中二年级时，我和班里几个喜欢文学的同学组织起学校的第一个文学社，办了一份不定期的文学墙报，自己发表自己的作品。

我后来进入社会，确定下来文学创作的人生命题，《创业史》便成为枕边的必备读物。一九七三年发表第一个短篇小说时，许多人说我的语言像柳青。编辑把这篇小说送给柳青看，他把第一章修改得很多，我一句一字琢磨，顿然明白我的文字功力还欠许多火候。我后来到南泥湾劳动锻炼，除了规定必带的《毛选》，还私藏着《创业史》，在南泥湾的窑洞里阅读，后来不知谁不打招呼拿去了，也不还。我大约买了丢、丢了又买了九本《创业史》，这是空前的也肯定是绝后的一个数字。

2008 年 1 月 18 日　二府庄

# 关键一步的转折

## ——我的读书故事之四

我的人生道路的关键一步转折，发生在一九七八年的夏天，从工作了十年的人民公社（乡镇）调动到当时的西安郊区文化馆。

我当时正负责为家乡的灞河修建八华里的防洪河堤。在我们那个很穷的公社，难得向上级申请到一笔专项治理灞河的资金，要修筑一道堤面上可以对开汽车的河堤，在那个小地方，称得上是一项令人鼓舞的宏伟工程了。工程实际上是从一九七七年冬季开始的，我作为工程负责人，和七八个施工员住在一道红土崖下灞河岸边的一幢房子里，没有床也没有炕。从邻近的村子里拉来麦草铺在地上，各人摊开自己带来的被褥，并排睡地铺了。我那时候心劲儿很足，想一次解决灞河涨水毁田的灾害，尤其是给包括我的父母妻儿生活的村子在内的大半个公社修建这样一个工程。为此，从早到晚都奔跑在各个施工点上。一个严峻的节令横在心头，必须在初夏灞河涨水之前，不仅要把河堤主体堆成，而且必须给临水的一面砌上水泥制板，不然，一场大水就可能把沙堤冲成河滩。工程按计划紧张地进行，四月发了一场大水，只是局部损伤，我的信心没有动摇。

到初夏时节，我在麦草地铺上打开一本新寄来的《人民文学》杂志。夜晚安排完明天的事，施工员们便下棋，或者玩当地人都喜欢玩的“纠方”游戏，我也是参与者。这一晚我谢辞了下棋和“纠方”，躺在地铺上看一篇小说，名曰《班主任》，作者是我从未听说过的刘心武。我在这篇万把字的小说的阅读中，竟然产生心惊肉跳的感觉，每一次心惊肉跳发生的时候，心里都涌出一句话：小说敢这样写了！请注意这个“敢”字。我作为一个业余写作者，尽管远离文学圈，却早已深切地感知到其中的巨大风险了，极“左”的政治思想影响下的文艺政策更“左”得离谱，多少作家都栽倒了，乃至搭上了性命。《班主任》竟然敢这样写，真是令我心惊肉跳。

我在麦草地铺上躺不住了。我走出门，不过五十米就到了哗哗响着的灞河水边，撩水洗了把热烫的脸，坐在河石上抽烟，心里又涌出一句纯属我的感受来：文学创作可以当作事业来干的时候终于到来了。这是我从《人民文学》发表《班主任》这样的小说的举动上所获得的最敏感的信号。我几乎就在涌出这句话的一刻，决定调离公社，目标是郊区文化馆。那儿的活儿比公社轻松得多，也有文学创作辅导干部的职位，写作时间很宽裕，正适宜我。即将完成河堤工程的六月，我如愿以偿到郊区文化馆去了。我的仍然属业余文学创作的人生之路开始了。

《班主任》在文学界的影响可谓深远。文学界先把其称为中国的“解冻文学”的先声，这是借用苏联二十世纪五十年代初一个文学现象的名词，随后又称其为新时期文艺复兴的发轫之作。其实，两种称谓的意思相近，即从极“左”文艺政策下解放出来的第一声鸣叫，一个时代开始了。我的人生之路也发生了关键一步的转折。

2008 年 2 月 3 日　二府庄

# 摧毁与新生

## ——我的读书故事之五

一九八二年五月，陕西作家协会在延安举行毛泽东《在延安文艺座谈会上的讲话》发表四十周年纪念活动，胡采主席亲自率领七八个刚刚跃上新时期文坛的陕西青年作家到延安去，我是其中之一。有一个细节至今难忘，胡采在杨家岭中央大礼堂外的场地上，给我们回忆当年他聆听毛泽东讲话的情景。我和几位朋友在一张大照片上寻找当年的胡采，竟然辨认不出来。最后还是由胡采指出那个坐在地上的年轻人，说是当年的他。相去甚远了。四十年的时光，把一个朝气蓬勃的小伙子变成了睿智慈祥的老头，我的心里便落下一个生命的惊叹号。

参加这次纪念活动的几个青年作家，各自都据守在或关中平原或秦岭山中或汉中盆地的一隅。平时难得相聚，参观的路上、吃饭的桌上就成为交流信息的最好平台。尤其是晚上，聚在某个人的房间，多是说谁写了一篇什么小说，多好多好值得一读。被说得多的是路遥，他的一个中篇小说即将在《收获》发表，篇名《人生》。这天晚上，大家不约而同聚到路遥房间，路遥向大家介绍了这部小说的梗概，尤其是说到《收获》责任编辑对作品的高度评价，大伙都有点儿按捺不住的兴奋，便问到《收获》出版的确切时间，路遥说已经出刊了。记不清谁提议应该马上到邮局去购买。路遥显然也兴奋到恨不得立即看到自己钢笔写下的文字变成铅字的《收获》，还说他和邮局有关系，可以叫开门，便领着大家出了宾馆，拐了几道弯儿，走到延安邮局门口。敲门敲得很响，也敲得执拗。终于有一位很漂亮的值班女子开了门，却说不清《收获》杂志是否到货，便领着我们到业已关灯的玻璃柜前，拉亮电灯。我们把那个陈列着报纸杂志的玻璃柜翻来覆去地看，失望而归。

我已经被路遥简略讲述的《人生》故事所沉迷，尤其是像《收获》这样久负盛名的刊物的高调评价，又是头条发表，真有迫不及待的阅读期盼。我从延安回到文化馆所在地灞桥镇，当天就拿到馆里订阅的《收获》，几乎是一口气读完了这部十多万字的中篇小说《人生》。读完时坐在椅子上是一种瘫软的感觉，显然不是高加林波折起伏的人生命运对我的影响，而是小说《人生》所创造的完美的艺术境界，对我正高涨的创作激情是一种几乎彻底的摧毁。

连续几天，我得着空闲便走到灞河边上，或漫步在柳条如烟的河堤上，或坐在临水的石坝头，却没有一丝欣赏古桥柳色的兴致，而是反思着我的创作。《人生》里的高加林，在我所阅读过的写中国农村题材的小说里，是一个全新的面孔，绝不同于此前文学作品里的任何一个乡村青年的形象。高加林的生命历程里的心理情感，是包括我在内的乡村青年最容易引发呼应的心理情感。路遥写出了《人生》，一个不争的事实便摆列出来，他已经拉开了包括我在内的这一茬跃上新时期文坛的作者一个很大的距离。我的被摧毁的感觉源自这种感觉，却不是嫉妒。

我在灞河沙滩长堤上的反思是冷峻的。我重新理解关于写人的创作宗旨。人的生存理想，人的生活欲望，人的种种情感情态，准确了才真实。一个首先是真实的人的形象，是不受生活地域文化背景以及职业的局限，而与世界上的一切种族的人都可以完成交流的。到这年的冬天，我在反思中完成新的创作理念，写成了我的第一个篇幅不大的中篇小说《康家小院》，后来获得了《小说界》的首届评奖。许多年后，我对采访的记者谈到农村题材的创作感受时说出一种观点，你写的乡村人物让读者感觉不到乡村人物的隔膜就好了。这种观点的发生，源自在灞河滩上的反思，是由《人生》引发的。

2008 年 2 月 11 日（正月初五）夜于雍村

# 一次功利目的明确的阅读

## ——我的读书故事之六

在我的文学生涯中，阅读不仅占有一个很大的时间比例，而且是伴随终生的一种难能改易的习惯意识。即使在把一切出版物都列为“黑书”禁封的“文革”年代，我的“地下式”的秘密阅读也仍然继续着。然而，几乎所有阅读都不过是兴趣性的阅读而已，增添知识，开阔视野，见识多种艺术风格的作品。只有一次阅读是怀有很实际具体甚至很功利的目的，这就是二十世纪八十年代中期的一次阅读。

那时候我正在酝酿构思第一部也是唯一的长篇小说《白鹿原》，用了两年左右的时间。随着几个主要人物的成形和具象，自我感觉已趋生动和丰满，小说的结构便很自然地突显出来，且形成一种甚为严峻的压力。这种压力的形成有主客两方面的因由，在我是第一次写长篇，没有经验自不必说，况且历史跨度大，人物比较多，事件也比较密集，必须寻找到一种恰当的结构形式，使得业已意识和体验到的人物能得到充分的展示；另外，在这部小说刚刚萌生创作念头的时候，西北大学当代文学评论家蒙万夫老师很郑重地告诫我说，长篇小说是一个结构的艺术。他似乎担心我轻视结构问题，还做了一个形象化的比喻，长篇小说如果没有一种好的结构，就像剔除了骨头的肉，提起来是一串子，放下去是一摊子。我至今几乎一字不差地记着蒙老师的话，以及他说这些话时平静而又郑重的神情。当这部小说构思逐渐接近完成的时候，结构便自然形成最迫切也是最严峻的一大命题。

我唯一能做出的选择就是读书。我选择了一批中外长篇小说阅读。我的最迫切的目的是看各个作家是怎样结构自己的长篇，企望能获得一种启发，更企望能获得一种借鉴。我记得二十世纪八十年代中期最具影响的两部长篇，一是王蒙的《活动变人形》，一是张炜的《古船》。我尤其注意这两部作品的结构方式，如何使多个人物的命运逐次展开。这次最用心的阅读，与最初的阅读目的不大吻合，却获得了一种意料不及的启发。这就是，每一部成功的长篇小说，都有自己风格独特的结构方式，而平庸的小说才有着结构形式上相似的平庸。我顿然省悟。从来不存在一个适宜所有作品的人物和故事展示的现成的结构框架，必须寻找到适宜自己独自体验的内容和人物展示的一个结构形式，这应该是所谓创作的最真实含义之一；我几乎同时也理顺了结构和内容的关系，是内容——已经体验到的人物和故事决定结构方式，而不是别的。这样，我便确定无疑，《白鹿原》必须有自己的结构形式，不是为了出奇一招，也不是要追某种流派，而是想建一个让白嘉轩、鹿子霖、朱先生们能充分展示各自个性和命运的比较自然而顺畅的时空平台。

小说出版许多年了，单就结构而言，也有不少评说，有的称为网状结构，有的称为复式结构，等等。多为褒奖的好话，尚未见批评。我一直悬在心里的担心，即蒙老师告诫的那种“一串子一摊子”的后果避免了。我衷心感激已告别人世的蒙老师。

我也感慨那次较大规模又目的明确的阅读，使我获得了关于结构的最直接最透彻的启发。其实不限于长篇小说，其他艺术样式的创作亦是同理，实际已触摸到关于创作的最本质的意义。

2008 年 5 月 3 日　雍村

# 米兰·昆德拉的启发

## ——我的读书故事之七

米兰·昆德拉热遍中国文坛的时候，大约稍晚加西亚·马尔克斯几年。从省内到省外，每有文学活动作家聚会，无论原有的老朋友或刚刚结识的新朋友，无论正经的会议讨论或是三两个人的闲聊，都会说到这两位作家的名字和他们的作品，基本都是从不同欣赏角度所获得的阅读感受，而态度却是一样的钦佩和崇拜。谁要是没接触这两位作家的作品，就会有一种落伍的尴尬，甚至被人轻视。

我大约是在昆德拉的作品刚刚进入中国图书市场的时候，就读了《玩笑》和《生命中不能承受之轻》《生活在别处》等。先读的哪一本后读的哪一本已经忘记，却确凿记得陆续出版的几本小说都读了。每进新华书店，先寻找昆德拉的新译本，甚至托人代购。我之所以对昆德拉的小说尤为感兴趣，首先在于其简洁明快里的深刻，篇幅大多不超过十万字，在中国约定俗成的习惯里只能算中篇。情节不太复杂却跌宕起伏，人物命运的不可捉摸的过程中，是令人感到灼痛的荒唐里的深刻，且不赘述。更让我喜欢昆德拉作品的一个因由，是与马尔克斯《百年孤独》决然不同的艺术气象。我正在领略欣赏魔幻现实主义的兴致里，昆德拉却在我眼前展示出另一番景致。我便由这两位大家决然各异的艺术景观里，感知到不同历史和文化背景里的作家对各自民族生活的独特体验，以及各自独特的表述形式，让我对小说这种艺术形式发生了新的理解。用海明威的话说，就是要“寻找属于自己的句子”。这个“句子”不是指通常意义上的文字，而是作家对生活——历史和现实——独特的发现和体验，而且要有独立个性的艺术表述形式。仅就马尔克斯、昆德拉和海明威而言，每一个人显现给读者的作品景观都迥然各异，连他们在读者我的心中的印象也都个性分明。然是，无论他们的作品还是他们个人的分量，却很难掂出轻重的差别。在马尔克斯和昆德拉的艺术景观里，我的关于小说的某些既有的意念所形成的戒律，顿然被打破了；一种新的意识几乎同时发生，用海明威概括他写作的话说就是，“寻找属于自己的句子”。只有寻找到不类似任何人而只属于自己独有的“句子”，才能称得上真实意义上的创作，才可能在拥挤的文坛上有一块立足之地。

在昆德拉小说的阅读过程中，还有一个在我来说甚为重大的启发，这就是关于生活体验与生命体验的切实理解。似乎是无意也似乎是有意，《玩笑》和《生命中不能承受之轻》这两部小说一直萦绕于心中。这两部小说的题旨有类似之处，都指向某些近乎荒唐的专制事项给人造成的心灵伤害。然而《玩笑》是生活体验层面上的作品，尽管写得生动耐读，也颇为深刻，却不像《生命中不能承受之轻》那样让人读来有某种不堪承受的心灵之痛，或者如作者所说的“轻”。我切实地感知到昆德拉在《生命中不能承受之轻》里进入了生命体验的层面，而与《玩笑》就拉开了新的距离，造成一种一般作家很难抵达的体验层次。这种阅读启发，远非文学理论所能代替。我后来在多种作品的阅读中，往往很自然地能感知到所读作品属于生活体验或是生命体验，发现前者是大量的，而能进入生命体验层面的作品是一个不成比例的少数。我为这种差别找到一种喻体，生活体验如同蚕，而生命体验是破茧而出的蛾。蛾已经羽化，获得了飞翔的自由。然而这喻体也容易发生错觉，蚕一般都会结茧成蛹再破茧而出成蛾，而由生活体验能进入生命体验的作品却少之又少。即使写出过生命体验作品的作家，也未必能保证此后的每一部小说，都能再进入生命体验的层次。

2008 年 5 月 6 日　二府庄

# 阅读自己

## ——我的读书故事之八

一部或长或短的小说写成，那种释放完成之后的愉悦，是无以名状的。即使一篇千字散文随笔，倾述了自以为独有的那一点儿感受和体验，也会兴奋大半天。之后便归于素常的平静，进入另一部小说或另一篇短文的构思和谋划。到得某一天收到一份专寄的刊登着我的小说或散文的杂志或报纸，打开，第一眼瞅见手写在稿纸上的文字变成规范的印刷体文字，便潮起一种区别于初写成时的兴奋和愉悦的踏实，还掺和着某种成就感。如果没有特别紧要的事相逼，我会排开诸事，坐下来把这部小说或短文认真阅读一遍，常常会被自己写下的一个细节或一个词弄得颇不平静，陷入自我欣赏的得意。自然，也会发现某一处不足或败笔，留下遗憾。我在阅读自己。这种习惯自发表第一篇散文处女作开始，不觉间已延续了四十多年，直到今天，仍然如此。

阅读自己的另一个诱因，往往是外界引发的。一般说来，对自己的作品，如上述那样，在刚发表时阅读一过，我就不再翻动它了，也成了一种难改的积习。有时看到某位评论家涉及我的某篇作品的文章，尤其是他欣赏的某个细节，我便忍不住翻开原文，把其中已淡忘的那一段温习一回，往往发生小小的惊讶，当初怎么会想出这样生动的描写，再自我欣赏一回。同样，遇到某些批评我的评论中所涉及的情节或细节，我也会翻出旧作再读一下，再三斟酌批评所指症结，获得启示也获得教益，这时的阅读自己就多是自我审视的意味了。我的切身体会颇为难忘，在肯定和夸奖里验证自己原来的创作意图，获得自信；在批评乃至指责里实现自我否定，打破因太久的自信所不可避免的自我封闭，进而探求新的突破。几十年的创作历程，回头一看，竟然就是这样不断发生着从不自信到自信，再到不自信，及至新的自信的确立的过程，使创作完成了一次又一次的新探寻。

有一件事记忆犹新。一九七八年是改革开放的标志性年份，也是被称作中国新时期文艺复兴的一个标志性年号。正是在这一年，我预感到把文学创作可以当作事业追求的时代终于到来了。一九七九年春夏之交，我写成后来获得全国第二届短篇小说奖的《信任》。小说先在《陕西日报》文艺副刊发表，随之被《人民文学》转载（当时尚无一家选刊杂志），后来又被多家杂志转载。赞扬这篇小说的评论时见于报刊，我的某些自鸣得意也难以避免。恰在这时候，当初把《信任》推荐《人民文学》转载的编辑向前女士，应又一家杂志之约，对该杂志转载的《信任》写下一篇短评。好话连一句都记不得了，只记得短评末尾一句：陈忠实的小说有说破主题的毛病（大意）。我初读这句话时竟有点儿脸烧，含蓄是小说创作的基本规范，我犯了大忌了。我从最初的犯忌的慌惶里稍得平静，不仅重读《信任》，而且把此前发表的十余篇小说重读一遍，看看这毛病究竟出在哪儿。再往后的创作探寻中，我渐渐意识到，这个点破主题的毛病不单是违背了小说要含蓄的规矩，而且是既涉及对作品人物的理解，也涉及对小说这种艺术形式的理解，影响着作品的深层开掘。应该说，这是最难忘也最富反省意义的一次阅读自己。

这种点拨式的批评，可以说影响到我的整个儿创作，直到《白鹿原》的写作，应该是对“说破主题”那个“毛病”较为成功的纠正。我把对那一段历史生活的感受和体验，都寄托在白嘉轩等人物的身上，把个人完全隐蔽起来。《白鹿原》出版十余年来有不少评论包括批评，倒是没有关于那个“毛病”的批评。

我又有启示，作为作家的我，在阅读自己的时候，不宜在自我欣赏里驻留太久，那样会耽误新的行程。

2008 年 7 月 10 日　二府庄

# 第三辑

# 师友：此情可待成追忆

# 虽九死其犹未悔

早就想写一点儿有关志安的文字，从他离开当代文坛的时候，就产生过这个念头，直到他周年已过，我依然提不起笔来。我后来很清醒地意识到自己情感的脆弱畏怯，因而无力触动情感世界里的那一潭水。我推着未写，实际是一种逃避。这种逃避痛苦的情况已不是头一次发生，六年前，我的尊师挚友蒙万夫刚交五十猝然谢世，那时志安还写过一篇心情沉痛而又激越的悼文，而我却是一周年后才写了一篇回忆与蒙交谊的文章。路遥逝去后，我除了在告别仪式上那篇极简短的悼词，后来也未再写什么文章，其实有许多往事至今依然难以忘怀。志安的死亡更加深了我的心理畏怯，以致那情感脆弱到不堪一击了。

我已经不再单纯把疾病看作是病魔，无论是蒙万夫先生的心肌梗死，无论是路遥的肝硬化腹水，抑或是志安的肺癌，不单是病魔，简直可以说是一个专门谋杀天才的阴毒的鬼魅。鬼魅无形，残害天才和善良却绝不放手松口。然而我终于获得了掀动那一潭情感水波的勇气，这就是陕西人民出版社要出版六本志安的以爱情为主题的系列探索性长篇小说，并要我作序。我欣然应诺，连自己适宜不适宜作这个序都不顾及了，这勇气显然不单是来自个人情感，而是来自读者。读者在作家邹志安去世后所触发的巨大的社会同情，《文学报》发起的募捐活动响应者二千余人，作家和文化团体惺惺惜惺惺且不说，百分之八十以上的募捐者几乎包括了社会分工中的所有职业层，尤其是那些退休干部工人和中小学生。我曾经在接过《文学报》主编郦国义先生送交的捐助者名单时心里一沉：鬼魅无形，读者有情。

去年以来，邹志安有三部长篇小说遗稿在他谢世后相继出版，引起读者更大的兴趣和热情，书的销量可观。欣慰的同时我也惊讶不已，我清楚这三部长篇是进入九十年代的新作，陕西人民出版社这次重新出版的六部爱情探索系列长篇均为八十年代后几年的作品，此前他曾写过二百多篇短篇小说和十几部中篇小说，且不说文字总量究竟有几百万，单是几部长篇的数量起码在陕西当代中青年作家中是遥遥领先于所有生者和死者的。所有这些创造性劳动成果全部是在新时期以来的十三四年间完成的，是在他三十二岁至四十六岁这个黄金般的年龄区段里创造出来的。我惊讶一个人竟有如此巨大的艺术创造能量，也钦佩他如此巨大的创造热情，智慧和天才且不论它。

在我看来，作家的全部创造理想和生存欲望，概莫能大于读者对其作品的理解和接受，作家从事创作劳动的全部意义或者悲剧都在这里。这里就触及对创作这项劳动的理解，不过是作家艺术家把自己对社会历史和现实的生活体验进而到生命体验所形成的各个迥异的独特体验宣泄出来，凝成一部小说、一首诗歌、一出戏剧、一幅绘画、一曲交响乐，以期与读者或观者听者进行心灵的沟通和交流，文学和艺术作品不过是实现两颗心灵交流沟通的媒体。文学艺术沟通古人和当代人，沟通各种肤色各种语系的人，沟通心灵，这才是从事文学艺术工作的人痴情矢志九死不悔以致不惜生命而进行创造活动的全部缘由。这样，我才能更贴近杜鹏程创作《保卫延安》和柳青创作《创业史》的本体实质；这样，我也才能更贴近邹志安十数年间创造出五百多万字的文学作品两次获得全国大奖的本质性内容。

又有谁能理解，进行着如此巨大劳动的志安，是嚼着酸菜喝着苞谷糁子进行这样沉重的劳作的呢?

我和志安大约是先后一年为妻儿转办了城市户口，因为我在西安郊区办事较方便，户口虽进城了我依然住在乡下，图得个耳根清净。志安把妻小户籍转入城市随即举家由礼泉老家搬到西安。他搬来老母妻子儿女和侄儿的同时也搬来了酸菜缸。乡村人腌制酸菜的粗瓷大缸便堂而皇之搬进省作家协会的家属楼。这个时候初获经济改革实惠的城市居民悄然兴起了新“五大件”取代旧“五小件”的家庭革命。然而作家邹志安此时还不能废置或淘汰酸菜缸。凭他不足百元的工资和低微的稿酬，要维持一个六口之家和接济残疾弟弟两口的生活，就只能继续乡村农民苞谷糁子就酸菜的水平。鲁迅先生“吃的是草挤出的是奶”，志安吃的是西北人用萝卜缨子红苕叶子腌制的酸黄菜，挤着大量的奶。

即使这样，在他身患绝症的一九九二年春天，他依然应《文学报》和《陕西日报》联合征文写下了那篇《不悔》的短文。那时候，中国文坛正七嘴八舌讨论“文人下海”的新兴话题，原因是商潮滚滚的现实使文人们感到了生存危机和某些心理上的不平衡、不自在。那时候，陕西文坛与志安先后起步的作家哥们弟们，对他不幸被无形的鬼魅擒获而扼腕长叹，动心的叹惋里也包含着善良的抱怨，抱怨他写得太急、太猛、太不注意劳逸适度了。我也在第一次去医院看他时这样抱怨过。当我读到短文《不悔》时便哑然，那种痴情于文学的专注和强悍的精神，使我的心受到强烈的震撼。那是对生命意义的一种更高境界里的独立理解，绝不混同某些庸俗和市侩的患得患失斤斤争逐。这个《不悔》支撑着他原本并不雄健，当时已经开始憔悴的身体，而那躯体里依然灌注着某种魔力，我看得出来还是文学这个魔鬼。他要把自己对这个世界的体验宣泄出来展示出来，把他体验到的这个世界里的全部美好与卑鄙、欢乐与痛苦、崇高与龌龊、鲜花与蛆虫，展示给他热切关注着的父老乡亲兄弟姊妹，与他们交流和沟通。

在生与死的阴阳交界处，他沉静如铁地宣布：不悔！

庸俗的我还能再抱怨他什么呢？

写到这里，我的眼前便变幻着志安的种种眼神，有激烈辩论时生气逼人的灼灼之光，有慷慨陈述艺术主张时的睿智，有沉醉忘情于乡野逸闻笑话的顽皮，有搞点儿小动作捉弄某个可笑角色的诡谲，有倾心谈叙心事情曲儿的忧伤。然而留给我最难磨灭的却是两种眼神。大约是他写这六部爱情系列长篇那几年间，记得某天早晨我从乡下蛰居处回到作协大院，在门房取信时见到志安，两只布满红丝的眼睛像是传染了红眼病，我问他是否感染了，他摇头坦然地笑笑说没有。我便肯定他是夜里熬得太久了。我知道他的写作习惯，常是夜里三点钟爬起来写东西，在任何场合都可以干活儿，一直写到次日上午。几次出外开会同住一室，天亮时我就睁眼看见他伏案疾书的背影。那时候他的爱情探索系列大约正写到欢处，一本又一本抛出来，熬红眼睛似乎已习以为常毫不在意。

难以忘却的第二种眼神一想起来就令我凄凉，在他垂危之际我去看他，把我们能想到的让他揪心的四件事一一明确告诉他，让他放心。他已处于半昏厥状态，一阵清醒一阵昏迷，口腔已不能发出一丝声音，判断他清醒或昏迷的标志便是他的眼神。那眼神已经失去光泽而笼罩着一片昏暗，当黑色的眼球基本可以固定在眼眶中央时，他是清醒的，我便抓住短暂的机会说出关于对他老母亲的生活安排，他便点一下头。当那黑色眼球翻转上去隐没起来时，我说的事就毫无反应，他又昏厥了。他已走到生命的最后一步，微弱到连眼球都不能自控了。四件关于老人妻子儿女等生活工作安排的事间断了几次等待了好久好久才交代完毕，也包括我的几次哽咽说不出话而耽误了他清醒转来时的机会。

垂死者留下的凄凉是我的。

生的欲望直到垂死的最后一刻依然在那眼神中忽游闪现，并因其不可逃躲最后的破灭而更显得凄楚动人，那是一种不息的强烈创造欲望破灭时的依然顽强的信念：不悔！

文学这个魔鬼啊！

我不想再多回忆几十年来的相识和相交，可资回忆的往事太多了。七十年代初，我们几乎同时在陕西地方文学杂志上发表图释“阶级斗争”的小说处女作，我们共同欢呼中国文学艺术的春天的到来，我们又是几乎同时进入陕西作协专业作家的队列，我们无数次一起去参加种种文学集会且同居一室。我们友谊甚笃也免不了争执，我们互相信赖也发生过猜忌，然而终究都化解冰释了。在他逝后一年，他生前的一位好朋友赵润民找到我，谈志安病危时他去看志安，志安向他说了几句关于我的话。赵润民刚说了一句我便潸然泪下，并制止他继续说下去。这样的话听一句就够我受用一辈子了，多听一句就觉得心灵承载不起。赵润民说他想看到我写志安的悼念文章。越是这样，我越发不敢触及如本文开头所说的那一泓情感的潭水。我又想了，写了又能如何？不过是给活人看的，对失去至亲也失去精神和生活依托的老人妻子儿女来说，现在最需要最难为的自然是生计问题。为了不能忘怀的那两种眼光，我是想尽到一个同志、同行、朋友的心意去做一些事。

往事如烟、如潮、如泪、如血。这篇序文显然不是我倾泻那种交织着血雾泪潮的地方，依然潜存心底。但有一件事却忍不住要写。我的母亲陪我女儿念书先我住进城市，母亲住不惯是可以理解的。她和邹志安母亲在同一条巷道里也不知怎么就认识了，彼此谁也不知道她们的儿子是交谊可以的朋友。她们是在视对方肯定来自乡下可以说话时自然认识的，因为她们两位老人的穿戴包括说话的神气和走路的姿势都保存着乡村风姿，与那些城市老太太在一切方面都迥然各异，像动物可以嗅到同类的气味一样互相靠近而结伙成帮了。她们成了朋友并开始频繁地互访活动，她操着礼泉口语，我母亲则是灞桥土著，些小的方言差异不能构成阻碍。有一次，我发现案上有一包苞谷糁，母亲说是“志安妈拿来的，今年的新苞谷糁”。我大为感动，一包苞谷糁竟然令人动情。

志安去后，我多次去其家看望那位老人，每一次都向她发出邀请，请她到我们家去和我母亲聊天拉闲话，用意是不言自明的，而且说明我母亲因高血压腿脚不灵了，况且我的楼层低。这位老人一次也未登过我的家门。去年中秋节时我又发出邀请，不料老人家哭出声，说：“我想去哩我想去哩我咋不想去嘛！我去看见你跟你妈在一搭，就想起我娃。我娃这阵儿在哪搭哩……”我听了几乎心肝碎裂，一句话也说不出来。

作为志安的朋友，我虔诚地感谢陕西人民出版社，你们为志安终其一生而不悔的事业的血泪结晶提供了重新走向读者的机会，这些作品我已无意评说，让它们走向广阔的心理空间吧；作为志安生活体验、生命体验、艺术体验的一次排炮般的展示，相信会沟通无以数计的男女的心灵。这样，我在面对他的眼神和那位老妈妈的眼睛时，自觉可以能够既不虚伪于艺术也不虚伪于人生。

1994 年 6 月 14 日草于小寨

# 为了十九岁的崇拜

## ——追忆尊师王汶石

### 一

第一次看见王汶石，大约是七十年代初的事。

记不清是谁家举办的一次业余作者会议，我也参加了。那时候的时代用语为“工农兵业余作者”，会议也称为“学习班”。柳青、杜鹏程、王汶石等小说大家出席了会议，成为业余作者们最大的兴奋点。会后大家在一起聊天，话题仍然围绕着第一次看见自己崇拜仰慕已久的这几棵文学大树，说自己的印象，随后就给他们相起面来。比较一致的看法是，柳青像一只苍鹰，杜鹏程像一匹马，而王汶石则更像一只狮子。这种比拟不单是初见他们的面孔和体形做出的形象化概括，而且融入了对他们作品的阅读印象，是对人的形象气质和作品的艺术气质综合起来的归结。

第一次见到王汶石之前，我已经读过他发表和出版的全部小说。短篇小说集《风雪之夜》里的十几个短篇，作为范本不知读过多少遍了，一个个活灵活现的乡村人物至今依然储存在记忆里，一幅又一幅关中乡村生活的逼真场景和细节依然记忆犹新。现在回味起来，对我而言，柳青的《创业史》和王汶石的《风雪之夜》的最直接的启示，是把小说的艺术真实和生活真实的距离完全融合了。尤其是我生活着的关中乡村，那种读来几乎鼻息可感的真实，往往使人产生错觉，这是在读小说还是在听自己熟悉的一个人的有趣的传闻故事。我对创作的迷惘和虚幻的神秘幕纱可以撩开了，小说的故事和人物就在我的左邻右舍里生活着。渭河平原的乡村生活所诞生的《创业史》和《风雪之夜》，丝毫也不逊色于顿河草原上诞生的《静静的顿河》《被开垦的处女地》和《顿河故事》。我读肖洛霍夫我读契诃夫我读莫泊桑，且不说艺术感受，单就那个作品与自己的生活实际的距离感无法消弭，这里的乡村似乎永远看不到那里发生的动人的故事。《创业史》和《风雪之夜》给我的纯粹属于创作上的启示就在于，作为关中边缘地带的灞河川道，白鹿原以及北岭骊山这些我所熟悉的地域里，同样蕴藏着小说故事和小说人物，能不能寻找、捕捉、开掘出来，全得靠自己的努力了。这样，我从最初的迷惘和虚幻之中挣脱出来，眼光落到自己脚下的土地上了。

阅读《沙滩上》的情景，于今想来仍然令人心动。

读高中二年级时，我和另外两位同样喜欢文学的朋友组织起一个文学社。我们三人合资订了一本《人民文学》杂志，新杂志邮寄到来的日子，无异于我们的圣诞节，三人轮流阅读。印象最深的有两篇作品，一是话剧本《胆剑篇》，令我们激动了好久谈论了好久；一是王汶石的短篇小说《沙滩上》，三个人几乎是接力式地迫不及待地阅读了，相约着走出学校后门和后门外的操场，翻过灞河长堤和柳树林带，在灞河水边的沙滩上围坐下来，讨论起《沙滩上》来了。这样的讨论连续有三四次，都是在晚饭后的自由活动时间里进行的，每一次都持续到熄灯就寝的钟点。处于艺术创造鼎盛期的王汶石，大约不会料想得到，在星光朦胧的灞河滩上，三个读高中的农家学生正在热烈而动情地谈论着他的名字和他刚刚出台的人物——大军和囤儿的方方面面，正在把他营造的这幢瑰丽的艺术建筑拆卸开来，窥看一柱一梁以及其中的窍门……多年以后，当我每见到他的时候，阅读和讨论《沙滩上》的这一幕就首先浮现出来。

## 二

一九七九年六月，我从西安北郊参加夏收劳动归来，第二天到《西安晚报》参加一个座谈会，见到杜鹏程。老杜一见面便说他看了《陕西日报》刚刚发表出来的我的短篇小说《信任》，多所赞扬，一派喜形于色的神态，令我感动。老杜又告诉我说，汶石也看了，认为很不错。这是这篇小说见报几天来，我第一次听到的文学圈里人的反应，而且是我崇敬而又崇拜着的陕西文学两棵大树的评说。

当天晚上，我回到西安南郊的郊区文化馆，门上贴着一张纸条，是《人民文学》编辑向前留的。我找到向前的住所时，她说她已经见过王汶石了，老王一见面就谈《信任》，而且建议由《人民文学》转载。随之告诉我，她已经找到《信任》读了，已经向编辑部打了长途电话，转达了老王老杜们的意见；编辑部已经找到《陕西日报》，看过了《信任》，决定七月号转载。当时已是六月中旬，七月号的《人民文学》怎么来得及转载呢？向前说，这很简单，抽掉某一篇已排定的稿子就成了。

骑车重回南郊的路上，我的心里一直不能平静，直到推开我的那间破烂的房子的门。那时候我已三十七岁，此前已经发表过一些小说和散文，对于某篇作品的好话好评虽不敢说超脱，但也不至于得意忘形。我的难以平静的心潮，完全是被老王老杜们的关爱冲击起来的。此前三年，我在刚刚复刊的《人民文学》上发表过一篇迎合当时潮流的反"走资派"的小说，随着"四人帮"的倒台以及一切领域里的拨乱反正，我陷入一种尴尬而又羞愧的境地里。经过大约两年几乎是自虐式的反思和反省，一九七九年春天我重新铺开稿纸写小说了。在这样的处境和心境里，老王老杜们的一句关爱的话和关爱的行动，必然会铸就我心灵里永久的记忆。我更想到另外一层，他们早已是文学大树，这样关注一个走了弯路的青年作者，在他最需要支持和处于羞愧心境的时候，做出如此热诚的举动，足够我去体味《风雪之夜》创造者的胸怀、修养和人格境界了；具有这样的人格境界的人，才能酿制出《风雪之夜》这样的蜜来。我要接受的显然不单是《风雪之夜》这本书的艺术，而是创造者本人的人格魅力了。许多年以后，我经历了更多的创作实践，也多多少少经历了新时期以来的文学进程，也许是增长了不少的年岁，愈来愈觉得作家自身精神境界和人格修养对于创作的关键性作用了。制约作家感受生活挖掘素材深层提炼的因素中之最关紧要的一条，便是人格精神；人格精神的错位，往往会把良好的艺术天性矮化了，令人惋惜。

无论过去搞业余创作，还是后来调入作家协会搞专业创作的几十年时间里，我对陕西作家协会的唯一亲近的感情便是文学。我长期住在西安郊区乡村或城镇，或开会或办事得进城去，顺便走一趟作家协会，在《延河》编辑部坐一坐聊聊天，与同代的作家聊聊闲话。往往所能听到的，是编辑热烈议论诸如即将刊发的短篇小说《手杖》，京夫的这篇作品标志着一个阶段性的艺术突破；《人生》刚一面世就引起文学界和读者层的强烈反应，路遥的创作已显示出大家气象；邹志安的《兰鱼儿》正在编辑手中传阅，已经引起广泛兴趣；陕南一位谁也没听说过名字的作者在北京一家大刊上发表了一部中篇小说《沉默的玄武岩》，出手不凡起点很高，还有一股现代派味儿，等等，等等。作家协会深深的庭院和几进四合院里，无论走进任何一个房子，都是这样的话题，及至国外一位作家的一部什么重要作品刚刚被翻译过来，值得一读。这里的房子是二十年代建筑的中式平房，已不再现当年置建之初的宏伟和优雅，而日渐败落荒颓，陈腐磨损的桌椅和踩踏上去“吱吱喳喳”响着的木质地板，可感历史的沉压。然而这里弥漫着崇高到几近神圣的文学气氛，终年充溢在各个堆满稿件和墨水的编辑部里，流淌在庭院及至一墙之隔的家属楼院里。这里的人关注着本省青年作家的发展，似乎是一种职业习惯，是一种本能，而又完全是无私的，只有文学这个话题才能达到共同的兴奋点的共鸣。进入这个院庭便进入了文学的圣殿，像佛教或道教信徒进入了寺庙台观，充溢耳孔和鼻孔的全是诵经布道的谐和之音与香裱焚烧的幽微之气了。这种气氛是文学发展最相宜的气氛，是任何物质的优劣难以替代的。

王汶石对《信任》的关注，只是这气氛中的一缕，而自五十年代以来所营造而成的这种唯文学是尊的气氛，正是王汶石那一代陕西老作家们力行垂范的结果。想来其实也很简单，如果文学团体里不说文学，那说什么呢？如果作家协会里没有了文学气氛，那么还有什么呢？

中篇小说《初夏》在《当代》发表后，王汶石写了一封长信给我，评说这部篇幅较长艺术上并不圆润的小说。我那时仍住在乡下，以通信的方式回答。我在祖居的老屋写这封回信的时候，总是想到十九岁时在灞河滩上与同学讨论《沙滩上》的情景。

我和田长山合作的报告文学《渭北高原，关于一个人的记忆》在《陕西日报》刊出以后，王汶石又以写信的方式予以论述。我读着那热情洋溢的文字，脑海里又浮现出在灞河滩上研读《沙滩上》的情景。

十九岁时在灞河滩上在星光下所崇拜的文学之“神”，现在既是文学前辈又是兄长般的真诚，对一个后来者的脚步和舞蹈不厌其烦地评点着纠正着，影响很自然地便挣开了艺术的层面，让我一步一步感触和体味那艺术创造者的胸襟、内宇宙和人格精神了。

## 三

近几年来，我有选择地参加了一些有地域特征的笔会，交识了一些作家。许多时候和许多的作家交谈起来，读到陕西文坛的时候，他们都谈到王汶石，关心他的身体和写作。他们都谈到王汶石的短篇小说，几乎通用的一句话都是“那真是写绝了”！他们动情地回忆着自己当年阅读《风雪之夜》的艺术快感，连一些人物的细节仍然能生动地复述出来，而这些阅读的记忆少说也有三十年了。我在这种交谈中便会滋生出一种自豪感，便会加深和这些作家的交流和理解，毕竟我也在家乡的河滩上热烈讨论过《沙滩上》。他们没有机缘接触王汶石，却虔诚地尊敬着祝福着王汶石；他们没有见过王汶石的面，却记着他创造的艺术形象，及至津津乐道那些生动的细节；尽管九十年代的社会生活和文坛已经与《风雪之夜》创作的年代发生了巨大的变化，他们仍一致赞叹王汶石的创造才华，用他们的话说，整个儿一本《风雪之夜》真是才华横溢。

一次又一次的这种交谈，也给我以最切近的启示，作家凭什么活着？作家这种特殊职业的本质含义是什么？这样简单的事，往往弄出许多复杂的纷繁的文坛现象和怪事来，无一不是非文学因素搅缠的结果。作家凭作品活着，作家活着的全部意义就在于创造艺术；作家创造的艺术比作家自身的生命更恒久，无论做到了或没有做到都应该持续追求；如果游离或转移了艺术创造的兴趣和心劲儿，那么作家这个职业就没有任何意思了。

这种启示在我每一次见到王汶石的时候都有所验证，无论是在他的家里，还是在医院的病床上。退休在家的王汶石，给我的如一的感觉是沉静，沉静里折射出经历过高境界的艺术创造的气象和风范。而这种时候，看着那张慈和而又有力度的方形脸盘，我又想起头一回见面时造成的狮子的印象。即使在病床上，即使到了生命的垂危境地，我看到和感到的仍然是狮子的雄威和狮子的沉静。

面对这位老人，我总是忍不住叹惋，如果他不是那样的年纪而是与我们同龄，能生活在更为开放的当今中国，凭他对文学的专注和痴情，凭他对现实和历史敏锐的感知与深刻的理解，凭他对艺术的敏感的天性和才华横溢的表达能力，当会创造出怎样瑰丽的诗篇，远远不止一部《风雪之夜》。面对极“左”的文艺政策以及发展到摧毁一切的“文化大革命”，天才又能如何？更多地留下的只是令他的崇拜者长久的叹惋了。

面对这位老人，我常常有一种幸运感甚至满足感，发展到今天的中国文坛的气象，可以让百花都有选择生存和发展的土壤与空间，这是在七十年代以前所不曾奢望的事。在我步入中年时赶上了，虽然有点儿晚，毕竟还是赶上了。在这样的催生文学绿色的气象里，如果还不能实现自己的创造理想，只能默认自己的无能了。在这样的文学环境里，我的满足感也促成一种宽容心理，对那些已经发生或继续发生着的非文学性质的事，都可以做到不辩不怨，出于一种最基本的考虑，搁在二十年以前当会如何？！况且，文学也和国家一样，继续着改革，也必须继续去完善尚不完善的诸多体制。处在这个过程之中的我，满以为可以去做自己想做的写作之事了，而不必过多在乎那些作为发展完善过程中的非文学因素。在乎了势必耗费精力浪费生命，这恰恰是我最浪费不起的东西……我比王汶石们幸运多了。

王汶石经历的病痛折磨，是我所经见的最难忍受的。我不想叙述他的令人惨不忍睹的病痛的折磨，也不想宣扬他顽强的生命力以及痛苦折磨下的狮子般的沉雄和幽默，这一切总归是令人心酸的事。而无论作为十九岁时便对他形成崇拜的青年，无论是作为一直受到他关注关爱的一个作者，无论是作为后来在作协管着点儿事的我，对于他在病卧期间为着医疗费用而受的额外的折磨，业已成为我无法化解的一块良心的死结！

1999 年 11 月 25 日于礼泉

# 何谓良师

## ——我的责任编辑吕震岳

大概是七十年代末的最后一年的初夏，关中平原正勃发着一年四季里最迷人的景致，复苏的中国文学界亦如这自然界的景致一样撩拨着新老作家们的创造欲望。那时候，我去刚刚恢复不久的陕西作家协会参加一个什么会议，认识了吕震岳先生，直到今年春天我去他的灵堂前点燃一炷紫香，无论如何都抑制不住涌流的泪水了。

那次会议即将结束时，吕震岳来到我住的房子。“你是陈忠实吧？”问过我的名字又自报家门，“我是吕震岳，陕报文艺部的。”我便让座倒水，尤其是对一位年长于我的头发已显得稀疏的老编辑，因为头次见面，愈是礼仪敬重。他坐下后没有寒暄和客套，直接谈明来意，约我给陕报文艺版写篇小说：“你以前的几篇小说我看过，很不错，有柳青味儿。”我便应诺下来。他又叮嘱说：“一版顶多只能装下七千字，你不要超过这个数就行。”说罢就告辞了，干脆利索。

我那时候的心态刚刚调整过来。三年前的一九七六年春天，刚刚恢复的《人民文学》约我到北京参加一个写作笔会，我写了一篇适应当时反“走资派”的小说在该刊物上发表了，引起较大反响。随着“四人帮”的倒台和在一切领域里的拨乱反正，我在社会政治领域里的巨大欢欣与在写作上的失挫，形成剧烈的心理冲突，直到一九七八年的冬天，仍然陷入在真实的又不想被人原谅的羞愧之中。记得我当时正在灞河河堤的会战工程中领工，我和指挥部的同志住在河岸边土崖下的一座孤零零的瓦房里，生着大火炉睡着麦秸铺。正是在被春汛严逼压迫着的紧张的施工过程中，我先后读到了两篇记忆犹新的短篇小说，先是发表在《人民文学》上的陕西青年作家莫伸的《窗口》，后是被后来公论作为新时期文艺复兴潮声的刘心武的《班主任》。莫伸比我年轻许多而刘心武和我同龄，然而都是崭露头角的文学新人，都是从刚刚解冻的文坛土壤里蹿出来的惹人眼目的新苗。我读着这些优美的小说不由得联想到自己的失挫，更深地陷入羞愧之中，便把全部激情都转移到我所指挥着的河堤工程上。

直到这个工程完工的一九七八年秋天，我便调入西安郊区文化馆。我再三地审视自己判断自己，还是决定离开基层行政部门转入文化单位，去读书去反省以便皈依文学。郊区文化馆在小寨，有两处办公用房，一处在小寨俱乐部的小楼里，住着大多数文化干部和文化领导，另一处是“文化大革命”前的老文化馆所在地，全部是平房，已破落残损，有三四位干部挑着好点儿的房子住着，院中荒草尽兴地繁衍着。我便选了东南角一间空房，把一卷铺盖卸下来，掉下来的半张顶棚的苇箔经民工重新搭吊上去，残留在墙上的黑墨标语被我用报纸糊住了……我便坐下来读书。窗外是农民的菜地，生长着日见膨大的白菜，白菜地的畦梁上插长着绿头萝卜，也是日渐粗壮着。我从早读到晚，或借或买，图书馆里获得解禁的小说和刚刚翻译出版的国外的即使获过诺贝尔奖对我们却陌生的大家名作，一概抱来阅读。目的只有一点，用真正的文学来驱逐来荡涤我的艺术感受中的非文学因素。“四人帮”可笑的“三突出”创作原则因为太离谱姑且不论，十七年里极“左”的文学创作的理论和思想，都不是真正意义上的属于文学自己的因素，是强加以至强奸文学的非文学因素。对于非文学因素的荡除和真正的纯文学因素的萌生，对写作者来说，用行政命令是不行的，只有用阅读真正的文学作品来荡除，假李逵只能靠真李逵来逼其消遁。

我的自我审视和自我选择在我的感受里是正确的。阅读使我进入了真正的五彩缤纷的小说世界，非文学的因素基本被廓清了，我才觉得我正临门属于真实的文学的殿堂。信心也恢复了，羞愧的心理得到了调整，创作的欲望便冲动起来。直至今天，我依然难忘一九七八年的那个自虐式的阅读和反省的冬天，每每经过翠花路看见历史博物馆的漂亮建筑群，我便想到我曾居住过的那间房子和窗外的菜地，但现在都荡然无影了。一九七九年春节过后，我在那间小房子里重新开始写作小说了。正是在我刚刚涌起新的创作激情里，我遇见了吕震岳，他向我约稿。

我十分珍惜吕震岳的约稿，同样是那个羞愧心理的继续。那篇反“走资派”小说所产生的对我的看法，仍然是我的神经最敏感的因素，因而对那些依然还约我稿的编辑，更多的是一种被信赖被理解的感遇之恩了。由是，便想着应该尽力写好一篇小说送上，不致使这位初次见面的长兄失望。然而正在构思中的一篇小说篇幅较大，原计划给《人民文学》的，不怕长，便想着写完这个短篇之后，接着为陕报老吕再写，七千字是一个不能突破的限制。这时候，接到吕震岳一封信，信皮和信纸上的字，都是用毛笔写的，字很大，虽称不得作为装饰和卖钱的书法，却绝对可以称作功夫老到的文人的毛笔字。内容是问询稿子写得怎样了，一个月过去了怎么没有见寄稿给他。我读罢便改变主意，把即将动笔要写的原想给《人民文学》的这个短篇给老吕，关键是怎样把原构思的较大的篇幅压缩到七千字以内。如果就结构而言，这个短篇是我的短篇小说中最费过思量的一篇，及至语言，容不得一句虚词冗言，甚至一边写着一边码着纸页计算着字数。写完时，正好七千字，我松了一口气，且不说内容和表现力，字数首先合乎老吕的要求了。这就是《信任》。

稿子写成心里又有点儿不踏实，主要是内容。这篇小说写一位挨整受冤的农村基层干部，以博大的胸襟和真诚的态度对待过去整他的“冤家仇人”，矛盾甚至很尖锐。写成后我又有点儿踌躇，当时正是伤痕文学如苦水怒潮般汹涌，控诉祸国殃民的“四人帮”，社会生活中亦是平反冤假错案刚刚激起社会各阶层强烈反应的普遍性情绪，围绕着“四清”运动的矛盾，农村社会的新的矛盾和社会心理也很尖锐与复杂。这篇小说以这样的人物出现，会不会引起误解？我一时拿不定主意，就带着稿子去找老朋友张月赓，让他给看看，以较为客观的眼光给我把握一下。

张月赓还住在西安晚报社的两层简易居室里，一大间屋子没有隔间，既是卧室也是书房又兼着会客用。部队作家丁树荣已先在座，见面自然都很高兴。我说了事由，便拿出刚刚写完的稿子，二人连续着读了，对我申明的担心以为是多余。丁树荣很热情，说他和老吕很熟悉，正好还要去找老吕，可以替我捎带上稿子。我就把稿子交给丁树荣，夹没夹一纸给老吕的短笺已经忘记了。我第二天就下乡参加夏收劳动去了。

从把稿件交给丁树荣那天起，恰好一周时间，《信任》便在《陕西日报》的文艺版面上刊出了，时间是一九七九年六月三日。这是我自有投稿生涯以来发表得最快的一篇作品。我听到了我周围的熟识的行政干部的议论，尚不敢完全轻信，以为可能有更多的鼓励的因素。又过了大约不足半月，我刚刚从乡下参加夏收劳动归来，又接到吕震岳一封信，意思说作品发表后引起普遍反响，已收到不少读者来信，让我到报社去看看那些读者来信的评说。

我心里便有点儿按捺不住，骑上自行车绕大雁塔那条路奔东大街的陕报去了。似乎是一种潜意识，我尤其看重读者的反应，想听听文学圈以外的各个阶层各种职业的读者的评说，直到今天依然是这种心理。这应该是我第二次和吕震岳见面，老吕对我似乎已经是老早的熟人一样随意了。记得我见他第一面留下的最深刻的印象，便是他说话的高嗓子大调门。这回在他的编辑桌旁，不仅依然着这种说话，笑声同样是高腔大声，用畅快用爽朗这些词来形容似乎总不到位。他的情绪很兴奋，完全是一种编发了一篇引起普遍反响的稿子的由衷的快慰。他一边给我述说着丁树荣怎样捎稿给他，他读后的感觉和抓紧处理稿子以促使其尽快见报；一边用右手频频做着手势。我是深深地被感染被感动了的。一个职业编辑，一位长我起码十岁的老兄，毫不掩饰他的兴奋之情，像年轻人一样手舞足蹈着高声叙说着哈哈大笑着，给我一种赤诚热心而不无天真的强烈印象，他随之把一摞读者来信取出来交给我，感慨地说，看看，刚发表十来天，来了多少信说这个作品。

我一封一封读着那些从全省各地发往报社的信，禁不住眼热欲泪。不完全因为他们对我的一篇小说说了怎样的好话，更多的是我太需要他们对我的“信任”了。因为那篇写反“走资派”的小说造成的不良影响，我企图以新的创作来挽回，挽回那些可能弃我而去的读者，重新建立我和读者的真诚的信赖。那一封一封热情洋溢的信向我证明了最基本的这一点，正是我最心虚着企望充实的一点。然而其中有一封信，以不屑的口气评说《信任》，更以不屑的口气讥讽着我，说我在“文化大革命”期间写过适应时风的小说，现在又倒过来写什么《信任》，等等。我以为他说的是基本客观的事实，他肯定读过我过去写的几篇以阶级斗争为主调的短篇小说。不屑的讥讽的口吻不是批评的关键，亦可促使我更进一步做人生和文学的反省。这些信后来由老吕选发了三篇，在《作者·读者·编者》专栏里，我也看到了。有趣的是，十五六年后，我躲在渭南一家招待所里写几篇应急的短文，有天晚上宾馆（招待所）经理来和我聊天，说那三篇被选发的读者来信中，有一篇是他写的。他写那篇读后感式的信的时候，正在渭南地区所辖属的一个县的水利局工作，接近基层农村，强烈地感觉到，因为几十年阶级斗争扩大化给许多无辜的群众和优秀的基层干部造成的伤害，在实施平反冤假错案的过程中，又出现了新的矛盾和对立，甚至出现简单的个人之间的报复行为。他对这篇小说里的主人公对待同类矛盾的襟怀十分感动，以为是化解阶级斗争造成的人为矛盾的有远见的途径，忍不住便写了那封信。其实，他平素只是喜欢读书看报，并不搞写作，后来几经工作调动，现在已是这家宾馆的经理了……听来真是令人感慨系之。

至今依然记忆犹新的是，由丁树荣把稿子捎给老吕之后，我就到西安北郊的一个生产队参加夏收劳动去了。按当时干部下乡的习惯，自行车后架上捆绑着被褥卷儿，车头上的网带里装着洗漱用具。大约十天或半月的下乡期满回到郊区文化馆里，《信任》已经发表多日，我在紧如救火的夏收劳动中尚不得知。

回到馆里之后才看到发表《信任》的版面，“信任”两字是某个书法家的手书，有两幅描绘小说情节的素描画作为插图，十分简洁又十分气魄，看着看着就觉得眼热。这是我第一次在《陕西日报》文艺副刊上发表作品，但不是处女作，此前已经有为数不少的小说散文在杂志和报纸副刊上发表，按说不应该有太多太强的新鲜感。我不由自主的“眼热”，来自当时的心态和更远时空的习作道路的艰难。当时的心态已如本文开头所叙的反省和调整，这篇小说的发表无疑给我以最真实的也是最迫切需要的自信。更深层的感慨发自此前十八年给《陕西日报》的一次投稿。

一九六一年，正是后来被习惯称作“三年困难时期”最困难的那一年，我正在读高中二年级，无法化解的饥饿折磨着几乎所有人，尤其是正处于生理生长最活跃的中学生。市教育局为保护处于这个不幸年代的学生，采取了非常措施，取消晚自习自然也就取消一切作业，实行“劳逸结合”来对付饥饿，老师只需完成课堂授课而不再批改作业，学生只需接受老师的讲授而不再去做任何科目的作业题，消耗热量的体育课干脆废除不上了。我突然发现空闲的时候太多了，空闲得令人反而不习惯起来，自然就把课余的时间和精力全都用到阅读与写作这个爱好上头来。我和我的同样爱着文学的朋友常志文，找到了一个既省钱又能读到新书的办法。每天晚饭后，我俩悄悄溜出学校后门，抄田间近路步行到距学校约十华里的纺织城商场，直奔书店。靠在装满各种书籍的书架立柱上，抽出昨天正在读着的那本书继续读下去，直到九点或九点半钟商场统一关门，我再最后看一眼正在阅读着的页码，合上书装进书架然后离开书店。那时候没有“微笑服务”，更没有礼宾小姐站在门口躬身欢语“欢迎光临”的礼仪，却不拒绝如我一类无钱买书的人连续阅读自己感兴趣的书。我和我的朋友便从来时的小路再走回灞河岸边的这所由孙蔚如先生创办的中学，我俩关于阅读心得的交流一直继续到校门口才收住。上床睡觉以前，先喝一大碗盐水哄自己入眠，因为饥饿早已搅得肠胃疯狂起来。在往来二十余华里的疾步运动中，本来就没有吃饱的晚饭早已被消化光光了。这样的课余活动的运动量和对热量的损耗，可能远远超出了做作业和一周只有两节的体育课。

同样在这一段没有功课压力的轻松日子里，我和常志文、陈鑫玉三位文学爱好者组织起来一个文学社。苦于喜欢文学而总是找不到创作的门路，文学社就被命名为“摸门小组”。仅这个名字就可以看出我们当时对于创作的心境和情态，不无猴急和彷徨。成立文学社的同时决定创办文学墙报，名字定为“新芽”，不无才露尖尖一角的小荷的含意。这是一个纯文学的墙报，不是那种为纪念各种重大节日所办的壁报。“新芽”发表小说、散文和诗歌，必须是文学社成员自己创作的，当然也欢迎同学投稿。

创刊号上，刊登了我的一篇散文《夜归》。陈鑫玉鼓动我把这篇散文投给报刊，我缺乏勇气，终未敢把它投出。我的朋友却把它另写下来，寄给了《陕西日报》文艺部。大约不到一个月时间，鑫玉某天从家里来就兴奋地告诉我，说报社来信了，他兴奋激动的表情，自然传递给我某种希望，某种侥幸混合着的急切心理。信的内容是肯定了这篇散文的长处，也指出了缺陷，关键词是让我修改一下，尽快寄去。我到此刻才真正地激动起来，似乎真的就要"摸"到那个神圣而又神秘的"门"了。我很快做了修改，又寄出去了，此后便开始了急切而又痛苦的等待。等待来信通知一个几乎让人不敢奢望的消息。等待中天天到学校的阅报栏去看《陕西日报》，自然是发表文艺作品的第三版。这是我创作生涯中发生的关于投稿的第一次等待，第一次感受那种企望和失望交织着的急切与焦灼的心情。奇迹终于没有出现，我在随之到来的高考的紧张准备中把此种情绪排挤开去。

结束高中学业，高考名落孙山，我在最初的别无选择的痛苦中回到家乡，被公社选拔为民办老师，这才真正开始了我的业余文学创作。次年春天，我重新把《夜归》做了修改，再次投给《陕西日报》，不久又来了信，肯定了长处也提示了不足，仍然让我修改后再寄去。我又一次陷入期待的焦灼之中。久久的等待中，我终于忍耐不住，借着学校到西安举办什么活动的机会，找到了社址设在东大街的《陕西日报》报社。我在报社门口踌躇着踅摸着，想不出进入报社文艺部该怎么开口的措辞，自卑和羞怯的浓雾挥斥不开。我终于硬着头皮走了进去，看见文艺部的几张办公桌前坐着几位编辑，我朝门口那一位发出了问询。关于我的这篇散文，均不在在座的编辑手里，便推测肯定在一位已经下乡锻炼的编辑手中，可他大约需要半年才能结束劳动锻炼。那位好心的编辑很诚恳地暗示我，凡是能发的稿子，肯定会交代给编辑部的。既然没有交代我的那篇散文，肯定是发表不了的了。这次投稿和第二次修改又失败了，我走出《陕西日报》报社深长的院庭甬道时，直接的感觉是，那个“门”还遥不知其所在，任何轻易“摸”到的侥幸心理自然云散了，反倒轻松了，当然不可排解自卑。我至今无法判断当时在座的编辑之中有无吕震岳，因为我除了和那位同样不知姓名的编辑说话之外，几乎不敢乱瞅乱看别的人。我站在陕西日报社门口，回望一眼那拱形的门楼和匆匆忙忙进进出出大门的人，还是免不了自惭形秽的自卑。这是我平生第一次走进一家报社的大门，目的是问询自己投递的一篇习作，留下的记忆难以泯灭。在我被老吕邀请到他的办公室去看读者来信的时候，我心里涌起的便是十几年前头回进入时的复杂心理的记忆。我和老吕聊起这件事，老吕哈哈大笑着说他毫无记忆，那时候出出进进文艺部的各路业余作者太多了。我至今也无法弄清那位两次写信鼓励我修改后再投的编辑是谁，他每次写信都不署姓名，只缀着文艺部的落款。直到一九六五年春天，我把这篇散文打破原先框架，重新构思重新写作，名字改为《夜过流沙沟》，只是没有勇气投给“省报”而改投“市报”，不久就在《西安晚报》文艺副刊上发出了。这是我的变成铅字见诸报刊的第一篇习作，历经四年，两次修改，一次重写，五次投寄，始得发表。我在感激《西安晚报》那位发表它的编辑的同时，也感激《陕西日报》那位两次给我写信鼓励我修改的不知其名的编辑。在这篇散文漫长的修改过程中，我在"摸门"，或者叫作最初的探索；在从事这个容不得任何侥幸的事业的起始阶段，这篇处女作的修改和发表的漫长过程，实际上是我进行文学基本功练习的一个缩影。我和老吕聊起这件事，除了艰苦跋涉的感慨之外，还有一种心理补偿的欲望，我想那位给我两次写信的编辑最好能在此刻在这个办公室出现，我会向他致最真诚的问候和感谢。他的那两封信，是我写稿投稿生涯中第一次收到的报刊编辑的信。老吕也感慨着。

七月号的《人民文学》转载《信任》。那时候，《小说月报》等一类选刊还没有创办，《人民文学》辟有转载各地刊物优秀作品的专栏，每期一两篇。

八十年代的头一个春天到来时，《人民文学》编辑向前给我写来一封信，告知《信任》已获一九七九年度全国优秀短篇小说奖。那时候的评奖采用的是读者投票的方法，计票的结果一出来，前二十名便被确定下来。我当即将此事告知了吕震岳，他和我一样高兴。现在回想起来，无论是我还是他，当时似乎没有把这个获奖看成有什么太了不得的。倒是后来愈来愈觉得这种全国性评奖真是了不得的。一是这种奖项被看作一种标志，评职称升工资等都成为一个硬件；二是这种评奖的竞争愈来愈趋激烈，单就每年一次的短篇小说评奖，已经取缔了读者投票的方法，改由评委投票，非文学因素影响评奖的事时有传闻。我并非超脱文坛，亦非淡泊名利。我从来不说淡泊名利的话。我至今以为，文坛本身就是一个名利场，淡泊不了的，除非你离开。问题的实质在于以什么手段去提高“知名度”和获取“利”，唯一可靠的途径只能是拿出自己独特感受的作品来，即以文学的因素实现文学创作的目的，任何非文学的因素都是无法奏到长久之效的。一个不足七千字的短篇获奖，不可能决定我未来创作的发展，未来的路才刚刚开始。我对自己未来的创作发展不仅没有十分的自信，甚至依然着自卑的惶惑。因为任何一位能被我们记住的作家，都不是凭一个小小的短篇而铸就自己的文学成就，证明自己的文学才能的，这是文学史的 ABC。作为职业编辑的吕震岳，更有丰富的经历和经验，早看多了作家创作发展的种种，所以更多地仍然是说着“多读多思索”的鼓励我的实话。颁奖的通知到来时，我的心里丝毫未动，我的农民夫人突发心脏病月余，我须陪她去医院看病，便请假缺席了。

作为新时期文艺复兴的第一项全国文学奖——短篇小说奖，这是第二届评奖，发奖仪式很隆重，我在报纸上看到了消息。之后某一天，我用自行车带着病情稍轻的夫人从城里看病回来，走到距家尚有七八华里的一个村子，迎面停下一辆小汽车，走出《陕西日报》的文艺评论家肖云儒来。他们开车到了我的村子扑了空，折回来时碰到了。他说报社文艺部领导很重视《信任》获奖，作为报纸副刊的作品能在全国获奖尚不多见，约我写一篇获奖感言的短文，老吕因身体不适而委托他来。我后来写成了一篇《我信服柳青三个学校的主张》的创作谈，这是我从事写作以来第一次写谈创作的文章。

这一年，《陕西日报》文艺部发起了“农村题材小说征文”，老吕给我写来一封信，鼓励我应征。我已经从原郊区文化馆分配到灞桥区文化局，被提拔为文化局副局长，兼文化馆副馆长。为了能避免琐细的事务性干扰，我住在灞桥镇的文化馆里，潜心读书写作。接到老吕的信，我写了短篇小说《第一刀》，不需叮咛便明白七千字的版面极限。这篇小说同样得到老吕的欣赏，以一周的最快速度见报。此后，又收到了一批读者来信，选发了三篇。这是写农村刚刚实行责任制出现的家庭矛盾和父子两代心理冲突的小说，引起读者的普遍关注是可以理解的。尽管在征文结束后被评了最高等级奖，我自己心里亦很清醒，生动活泼有余，深层挖掘不到位。然而关于农村经济改革的思考却由此篇引发，发展到我的第一个中篇小说《初夏》的最后完成。

一九八二年我的第一本小说集子《乡村》出版，在我赠送书籍的名单上自然不可或缺老吕。这本集子里有他鼓励催促下写成的三篇小说，且是在我创作发展的关键时期有着特殊意义的作品。这年冬天，我调到省作协专业创作组。在取得对时间的完全支配权之后，我的直接感觉是走到了我的人生的理想境界：专业创作。

我几乎同时决定，干脆回归老家，彻底清静下来，去读书，去回嚼二十年里在乡村基层工作的生活积蓄，去写属于自己的小说。尤其是读书，需要弥补未能接受大学中文系专修的知识亏空和心理空虚，需要见识中外大家名著所创造的艺术大观，更深一步进入真正的艺术世界，揣摩真正的文学的本来内蕴，以彻底排除非文学因素和出于各种用意强加给文学的额外负载，接近再接近真正的文学的本义。我记得我到陕报去和老吕说了归乡的打算，他仍然高调门感叹着好好好，真诚地说，写作靠热闹是不行的，得拿出好货来。

回到祖居的老屋，反而有一个不长的适应期。偶尔有文学朋友和约稿的编辑找到村子里，都是我十分愉快的事，包括传来许多文坛最新的消息和趣闻。偶尔收到老吕的信，仍然是老文化人的个性明显的毛笔字，或问讯或约稿，读来十分温馨。中篇小说《初夏》在《当代》发表以后，接到老吕一封长信，说他对这篇小说特别喜欢，不完全是《第一刀》的缘由。到这篇中篇获《当代》文学奖时，我告诉了他这个消息，老吕像小孩儿一样拍着简易沙发的扶手大声慨叹起来，似乎验证了他的阅读感觉。他说他在什么报纸上看到《当代》的广告目录，专意到邮局的报刊门市部买来了杂志，读完便给我写了那封长信。乃至一九八六年上海文艺出版社出版我的以《初夏》冠名的第一个中篇小说集子，我拿到书后，从乡下赶到西安，找到老吕家里。其时他已退休，住在炭市街的平房住宅里。我送上这本集子，他翻着看着，说那本集子里收编的几个中篇大都读过了。他告诉我，凡是他在什么杂志上发现我的作品就一定要读，凡是他听说我在哪里发了什么小说就自己找来读。他坦率地说着对那些小说的感觉，好的和遗憾的诸多方面，已经远远不是《信任》或《第一刀》经他发表时的交谈深度了。这一次，是使我更深地理解老吕这个人的重要接触。我真切地被这位老兄感动了。他已经退休，已经不再为报纸副刊和我打交道了，他关注我的作品和我写作的发展，至少是出于一种纯粹的关于一个与他打过交道的作者的关注，仅仅是这个作者的作品他曾经喜欢过付出过心血，仅仅是这个作者本人他比较喜欢，仅仅是他希望自己喜欢的这个作者的创作更健康地发展。这就够了，这就足够我这个经他扶助的作者体会人世间那种被赞美着的真诚了；足够我再重新理解作为中国文学各类职业编辑的良苦用心了，任何时候要是还没有忘记这一点，我便相信自己的尾巴会紧紧夹住；足够我理解作为个人劳动标志很明显的创作，其实还有更丰富的社会的催人奋斗的那种力量。告别老吕，重新回到祖居的家园，《初夏》这本书也就划归明日的黄花。我必须以新的艺术形态给老吕这样的职业文学编辑一个见面时可以再聊的话题，包括更多的还喜欢着我的小说的读者。真正的文学意义上的友谊给我的就是这种冲击力。

听说老吕病了时，我很震惊，找到他的新居里，是在一个夏天的晚上。我已得知他得了一种今天的医疗水平很难治愈的病，便约了精于摄影的郑文华去拍一张合影。我们相交整整二十年来，竟然没有拍过一张合照，我不在乎这种照相，他也不在乎这种形式的东西，二十年里我们多次见面却没有谁想到照一张合影。我到邻近的水果店铺里买了水果，也应是第一次。二十年里我多次去过他供职的编辑部和他的家里，从来没带过一件礼物，一盒烟一瓶酒都没有过。那个时期里似乎不兴这一套，我也没有这种意识，似乎拿着这种东西会使他和我都尴尬的。他现在病了，是个病人，按我的心理和习惯，看望病人带上水果是礼仪成俗的。

他坐在一架轮椅上，因为病痛所致的骨头损害，不能坐太软的沙发。他说他出医院好久了，病情稳定。他比以往消瘦了，脸色尚好，仍有继往的红色，表面看不出太多的重病的疲倦和忧郁。他说话依然是朗朗的高调门大嗓子，几乎与我以往的印象没有任何变化和差异，也许是强性子的他自然显现的刚强。我和他聊了他的病情，他却更多地问我现在的工作和写作，不无惋惜之意，甚至启发我赶快离开西安，重新找一个地方去读书去写作。他那么感慨着对我的深层理解，写到这程度太不容易了，再浪费时间就损失太大了云云。我无言以对，也不想对他说出我的苦恼。如他一样的感慨我已从许多朋友口里听到，然而我不想让他再为我担这一份心。我尽量以轻松的话题和他交谈，包括回忆我们以往的趣事，他便大声愉快地笑起来。我给他留下我出版不久的五卷本《文集》，他问《白鹿原》收编在内没有。我说主要的作品全都收入了。他说他早已读过《白鹿原》，不断地感慨着从他编《信任》到《白鹿原》的阅读感觉。临到我出门时，他仍然鼓励我，什么都可以看轻、看淡，再弄出两本书来，弄到这程度太不容易了……

我收到老吕一封信，看小小信封上那很大的行书毛笔字就熟知了。打开信封，夹着他的一页短笺和一块报纸的剪贴文章，是他发表在《陕西日报》的一篇关于《白鹿原》的短论。我的心头一沉，读了短信再读短论，沉默许久都不知道该做什么。他已到骨癌晚期，忍受着怎样的痛苦，仍然还要写这样的短论，仍然还要对《白鹿原》一书获茅盾文学奖的事说他的看法和意见。其时，关于这本书和这个奖的热闹早已过去，我已不再接受关于这个话题的媒体采访。《白鹿原》一书自出版以来的五年时间里，我看到过许多评论家、作家、记者和读者或长或短的评论文章，说长道短在我已经于心不惊平静听取了，然而老吕的这篇短文一下子把我推入情感的波涛之中，无论如何我都不能把它看作是一篇“评论”……这是我收到的老吕的最后一封信，那功夫老到笔力遒劲的毛笔字啊！

今年春天，我接到老吕家属的电话，是哽咽着的女声报告的噩耗。当晚我赶到老吕家里，只能面对一幅围裹着黑纱的相片了。我站在灵桌前腿就颤抖起来了，看着照片上那昂昂的朗朗的面容，泪水一下子涌流出来，想叫一声老吕也终于哽塞得叫不出声。他的夫人告诉我，他把我送他的那套《文集》，一直在桌子上用书夹裁着，而没有塞进他的书架，直到他去世。我又一次涌出泪水，却说不出任何话来。

走在夜晚的东大街上，五彩的霓虹灯光是这座古城的新的姿容。天上似乎落着细雨，我木然地走着。我的小说中那个被我赞美也被我批判着的白嘉轩的生命感叹竟从我的心里涌出来了：世上最好的一个文学编辑谢世了！

1999 年 11 月 9 日于礼泉

# 何谓益友

## 一

我终于拿定主意要给何启治写信了。

那时的电话没有现在这样便当，通信的习惯性手段依赖书信。我之所以把给何启治写信的事作为文章的开头，确是因为这封信在我所有的信件往来中太富于记忆的分量了，一封期待了四年而终于可以落笔书写的信，我将第一次正式向他报告长篇小说《白鹿原》写成的消息。

这部书稿是农历一九九一年腊月二十五日写完最后一句话的。我只告诉给我的夫人和孩子，同时嘱咐她们暂且守口，不宜张扬。我不想公开这个消息不是出于神秘感，仅仅是一时还不能确定该不该把这部书稿拿出来投出去。这部小说的正式稿接近完成的一九九一年的冬天，我对社会关于文学的要求和对文学作品的探索中所触及的某些方面的承受力没有肯定的把握。如果不是作品的艺术缺陷而是触及的某些方面不能承受，我便决定把它封存起来，待社会对文学的承受力增强到可以接受这个作品时，再投出书稿也不迟；我甚至把这个时间设想得较长，在我之后由孩子去做这件事；如果仅仅是因为艺术能力所造成的缺陷而不能出版，我毫不犹豫地对夫人说，我就去养鸡。道理很简单，都五十岁了，长篇小说写出来还不够出版资格，我宁愿舍弃专业作家这个名分而只作为一种业余文学爱好。无论会是哪一种结局，都不会影响我继续写完这部作品的情绪和进程，作为一件历时四年写作的长篇，必须画上最后一个标点符号才算了结，心情依旧是沉静如初的。

一九九二年初，我在清晨的广播新闻中听到了邓小平南行的讲话摘录。思想要再解放一点儿，胆子要再大一点儿，等等，等等。我在怦然心动的同时，就决定这个长篇小说稿子一旦完成，便立即投出去，一天也没有必要延误和搁置。道理太简单了，社会对于具体到一部小说的承受力必然会随着两个“一点儿”迅速强大起来。关键只是自己这部小说的艺术能力的问题了，这是需要检验的，首先是编辑。我便想到何启治，自然想到他供职的人民文学出版社。人民文学出版社是文艺类书籍出版系统的高门楼，想着这一层还真有点儿心怯，“店大欺客”与否且不说，无论如何还是充不起要进大店的雄壮之气来。然而想到一直关注着这部书稿的老朋友何启治，让他先看看，听他的第一印象和意见，那是令人最放心的事。

春节过后，我便坐下来复阅刚刚写完的《白鹿原》书稿，做最后的文字审定，这个过程比写作过程轻松得多了。大约到公历二月末，我决定给何启治写信，报告长篇完成的消息，征求由我送稿或由他派人来取稿的意见。如果能派人来，时间安排到三月下旬。按照我的复阅进度，三月下旬的时限是宽绰富余的。信中唯一可能使老何会感到意外的提示性请求，是希望他能派文学观念比较新的编辑来取稿看稿，这是我对自己在这部小说中的全部投入的一种护佑心理，生怕某个依旧“左”的教条的嘴巴一口给唾死了。

信发走之后，我才确切意识到《白鹿原》这书稿要进人民文学出版社这幢高门楼了。

## 二

几乎在爱好文学并盲目阅读文学作品的同时，就知道了北京有一家专门出版文艺书籍的出版社叫人民文学出版社，这是从我阅读过的中外文学书籍的书脊上和扉页上反复加深印象的，高门楼的感觉就是从少年时代形成的。随着人生阅历和文学生活的丰富，这种感觉愈来愈深刻，对一个业余作者来说，这个高门楼无异于文学天宇的圣殿，几乎连在那里出书的梦都不敢做。就在这种没有奢望反而平静切实的心境下，某一日，何启治走到我的面前来了，标着人民文学出版社的牌子。

这件事的记忆是深刻的，因为太出乎意外而显得强烈。一九七三年隆冬季节，西安奇冷。我到西安郊区区委去开会，什么内容已经毫无记忆了。会议结束散场时，一位陌生人拦住了我，操着不大标准的普通话（以电台播音员为标准），声音浑厚，在他自我介绍之前，我已知道这是一位外来客了。在我周围工作和相交的上司、同辈和工作对象之中，主要是关中东部口音口语，其次是永远都令人怀疑患了伤风感冒而鼻塞不通说话鼻音很重的陕北人，那些从天南海北到西安来工作的外乡人久而久之也入乡随俗出一种怪腔怪调的关中话来，我已耳熟能详。这个找我的人一开口，我就嗅出了外来人的气味，他说他叫何启治，从北京来，从北京的人民文学出版社来，找我谈事。我便依我的习惯叫他老何。以后的二十多年里，我一直叫他老何，没有改口。

我和老何的谈话地点，就在郊区区委所在地小寨的街角。他代表刚刚恢复出版工作的人民文学出版社来西安组稿，从同样是刚刚恢复工作的陕西作家协会（此时称陕西省文艺创作研究室，以示与旧文艺体制的区别）创办的《陕西文艺》(原《延河》)编辑部得到推荐才来找我的。他已读过我在《陕西文艺》发表的一篇短篇小说《接班以后》，认为这个短篇具备了一个长篇小说的架势或者说基础，可以写成一部二十万字左右的长篇小说。我站在小寨的街道旁，完全是一种茫然，且不用吓了一跳这样的夸张性习惯用语。我在刚刚复刊的原《延河》今《陕西文艺》双月刊第三期上发表的两万字的短篇小说《接班以后》，是我平生发表的第一篇小说，也是我自初中二年级起迷恋文学以来的第一次重要跨越（且不在这里反省这篇小说的时代性图解概念)，鼓舞着的同时，也惶惶着是否还能写出并发表第二、第三篇，根本没有动过长篇小说写作的念头，这不是伪饰的自谦而是个性的制约。我便给老何解释这几乎是老虎吃天的事。老何却耐心地给我鼓励，说这篇小说已具备扩展为长篇的基础，依我在农村长期工作的生活积累而言完全可以做成。最后不惜抬出他正在辅导的两位在延安插队的知青已写成一部长篇小说的先例给我佐证。我首先很感动，不单是老何说话的内容，还有他的口吻和神色，在我感到真诚的同时也感到了基本的信赖，即使写不成长篇小说，做一个文学朋友也挺好，应该是我文学生涯以来认识的第一个北京人。二十多年过去，我们已经相聚相见过许多回，世界已经翻天覆地，文学也已地覆天翻，每一次见面，或北京或西安或此外的城市，都继续着在小寨街头的那种坦诚和真挚，延续着也加深着那份信赖。

我违心地答应“可以考虑一下”，然后就分手回我工作的西安东郊的乡村去了。老何回到北京不久就来了信，信写得很长，仍然是鼓励长篇小说写作的内容，把在小寨街头的谈话以更富于条理化的文字表述出来，从立意、构架和生活素材等方面对我的思路进行开启。我几乎再也搜寻不出推辞的理由，然而却丝毫也动不了要写长篇小说的心思。我把长篇小说的写作看得太艰难了，肯定是我长期阅读长篇小说所造成的心理感受。我常常在阅读那些优秀的长篇小说时一回又一回地感叹，这个作家长着一颗怎么样的脑袋，怎么会写出让人意料不到的故事和几乎可以触摸的人物！好在这时候上级突然通知我去南泥湾“五七”干校劳动锻炼改造，我便以此为由而推卸了这个不可胜任的压力。我去陕北的南泥湾干校之后，老何来信说他也被抽调到西藏去工作，时限为三年，然而仍然继续着动员鼓励我写长篇小说的工作。随着他在西藏新的工作的投入，来信中关于西藏的生活和工作占据了主要内容，长篇小说写作的话题也还在说，却仅仅是提及一下而已。这是一九七四年的春天和夏天，“批林批孔”运动又卷起新的阶级斗争的旋涡……这次长篇小说写作的事就这样化解了。我因此而结识了一位朋友老何。

## 三

老何再一次到西安来组稿，大约是刚刚交上八十年代的夏天，我从文化馆所在的灞桥古镇赶到西安，在西安饭庄——“双十二事变”中招待过周恩来的百年老店——招待老何吃一顿饭。那时候尚不兴公款请客吃饭。我刚刚开始收入稿费（千字十元），大有陈奂生进城的那份高涨的心情，况且是从小寨街头一别七八年之后的第一次共餐。我要了西安饭庄的看家菜葫芦鸡，老何直说好吃。多年以来的几次相见相聚中，老何总会突然歪过头问我：“那年你在西安请我吃的那个鸡真不错，叫什么鸡？”

他是为创刊不久的《当代》来组稿的。我仍然畏怯这个高门楼里跃出的为文坛瞩目的《当代》，不敢轻易投寄稿件。直到我从短篇小说转入中篇小说的第一部《初夏》写成，才斗胆寄给老何。

这个中篇小说是我的写作生涯中最艰难的一部，历经三年多时间，修改重写四次，才得以在一九八四年的《当代》刊出。我曾在一篇短文中回味过这个至为重要的过程：“在这个过程中，令人感佩的是《当代》的编辑，尤其是老朋友何启治所显示出来的巨大耐心和令人难以叙说的热诚。他和他们的工作的意义不单是为《当代》组织了一部稿子，而是促使一个作者完成了习作过程中的一次跨越，得到了属于自己的一次至为重要的艺术体验，拯救了一个苦苦探索的业余作者的艺术生命。”我说以上这些话是真诚的，更是真实的。《初夏》历经三年时间的四次修改和重写，始得以发表，不仅是鼓舞，最基本的收益是锻炼了我驾驭较大规模、较多人物和多重线索的能力，完成了从较为单纯的短篇小说的结构到中篇小说结构形式的过渡。此后我连续写作的几部或大或小的中篇小说，不论得失如何，仅就各自结构的驾驭而言，感到自如得多了，写作过程也顺利得多了。正是从自身写作的这个意义上，我是十分钦敬老何这位良师益友的。

《初夏》之后，我正热衷于中篇小说各种结构形式的探索，老何在一次见面中问我，有长篇写作的考虑没有。我很直率地回答，没有。这是实话实说。由他的突然发问，我立即想起十多年前第一次见面在小寨街头的那一幕，心里竟是一种负压感：天哪！他还没有忘记长篇小说的事。他却轻松地说，你什么时候打算写长篇的话，记住给我就是了。

再后来的一次会面，他又问到长篇小说写作的事。我觉得对他若要保密，是一种有违良知的事，尽管按着我的性情是很难为的事情。我便告诉他，有想法，仅仅是个想法，正在想着准备着，离实际操作尚远。我那时候确实正在做着《白鹿原》的先期准备，查阅县志、党史、文史资料，在西安郊县做社会调查，研读有关关中历史的书籍，同时酝酿构思着《白鹿原》。我随即叮嘱他两点：不要告诉别人，不要催问。我知道我的这部长篇小说不会在“短促突击”中完成，初步计划实际写作时间为三年。我希望在这三年里沉心静气地做这件大活儿，而不要在人们的议论，哪怕是好朋友的关心中写作，更不要说编辑的催逼了。过多的谈论过分关心的问询以及进度的催问，都会给我心理造成紊乱造成压力，影响写作的心境。按着我的性情，畏怯张扬，如同农家妇女蒸馍馍，未熟透之前是切忌揭开锅盖的。

然而还是有压力产生。我已经透露给老何了，况且是在构思阶段，便觉得很不踏实，如果最终写不成呢，如果最终下了一个“软蛋”又怎样面对期待已久的老朋友呢？！甚至产生过这样的疑问，按照我当时的写作的状况，中短篇小说虽已出版过几本书，然而没有一篇作品产生过轰动性效应，我清醒地知道自己的分量和位置，而老何为什么要盯着我的尚在构思中的长篇小说呢？如他这样资深的职业编辑，难道不知面对名家之外的作者所难以避免的约稿易而退稿尴尬的情景吗？因为我在构思中的《白鹿原》没有向他提及任何一句具体的东西，我自己尚在极大的不自信无把握之中。直到今天，我仍然不得其解，老何约稿的依据是什么？

后来的几年里，证明着老何守约如禁。每有一位人民文学出版社的编辑到西安组稿，都要带来老何的问候，进门握手时先申明，老何让我来看看你，只是问个好，没有催的意思，老何再三叮嘱我不要催促陈忠实。我常常握着他们的手说不出一句话。直到一九九一年的初春时节，老何领一班人马到西安来，以分片的形式庆祝人民文学出版社建社四十周年，在西安与新老作家朋友聚会。这个时候，《白鹿原》书稿已经完成三分之二，计划年底写完。见面时老何仍然恪守约律，淡淡地说，我没有催的意思，你按你的计划写，写完给我打个招呼就行了，我让人来取稿。我也仍然紧关口舌，没有道及年底可以完稿的计划，只应诺着写完就报告。

这一年的夏天，先后有两家大出版社向我邀约长篇小说稿，一位是在艰难的情况下给我出过中篇小说集子《初夏》的上海文艺出版社的老张，我忍着心向她坦诚地解释老何有话在先，无论作品成色如何，我得守信。另一位是作家出版社的老朱，她到西安来组稿，听人说我正在写一部长篇，我同样以与老何有约在先须守友道为由辞谢了。我坚守着与老何的约定，发端自十七八年前小寨街头的初识，那次使我着实吓住了的长篇小说写作的提议，现在才得以实施，时间虽然长了点儿，却切合我的实际。

直到一九九一年末写完全部书稿，直到春节过后的一九九二年早春的某天晚上，可以确定《白鹿原》手稿复阅修饰完成的时间以后，我终于决定给老何写信报告《白鹿原》完全脱稿的消息了，忐忑不安地要奔文学书籍出版界的高门楼了。

## 四

老何很快复过信来，他将安排两位同志于三月二十五日左右到西安。果然，三月二十四日下午，作协机关办公室把电话打到我所在地区的灞陵乡政府，由一位顺道回家的干部传话给我，让我于二十五日早八时许到火车站接北京来客。

给我捎信传话的乡上干部刚出门，村子里的保健医生搀着我母亲走进门来，说我母亲的血压已经高到二百以上，必须躺下。母亲躺下后就站不起来了，半边身子麻木僵硬了，就发生在我注视着的眼皮底下。医生很快为她挂上了用以降血压的输液瓶儿。我的头都木了，北京来客此时可能刚刚乘着火车开出京城。真是凑巧了，傍晚时分还有夕阳霞光，天黑以后却骤然一场大雪。我几乎一夜未曾合眼，守护着母亲，看着院子里的雪逐渐加厚到足可盈尺。离天明还有一个多小时，我请来一位村人照看母亲，就踏着积雪上路了。大雪真好，从我家大门口起始，走过两个村庄和村庄之间的原野，我给处女的雪原和村巷踩出第一溜脚印。我赶上了第一班远郊公共汽车，进入作协大院时尚未到上班的钟点。我要了一辆公车赶到西安火车站，等候许久，高门楼里来的尊贵的高贤均、洪清波终于走出车站来，时间大约八时许。

高贤均和悦随意，一见面就不存在陌生和隔膜，笑起来很迷人的。洪清波更年轻，却戴着一副厚厚的眼镜，不大说话，笑起来有一缕拘谨的羞涩，显得更加迷人。我当时想，从高门楼里出来的人怎么到了地方省份还会有拘谨的羞怯？我把他们安排到招待所，由他们自己去找饭吃找风景玩，就匆匆赶回乡下去了，只说还有两章没有“通”完，没有告诉他们还有突然躺倒吊着药瓶的母亲。我当时家分两地，夫人和孩子住在城里，我住在乡下老屋写我的书稿，母亲是过春节时从城里回到乡下，尚未回城却病倒了。这样，我一边守护着母亲监视着吊在空中的药液的降速，一边在隔壁书房审阅最后两三章手稿的文字，想到高、洪两位朋友正住在西安等着拿稿子，我第一次感到了心理紧促和压迫，这是《白鹿原》从起头到完成四年以来从未有过的催逼感。

过了两天，我一早赶到西安，包里装着这部书稿。在远郊公共汽车上，我一直抱着这摞书稿，一种紧张中的平静和平静里的紧张。我一路上都在斟酌着把这摞书稿交给高、洪时该怎么说话才合适，既希望他们能认真审读，又不想给他们造成压力，所以以不提任何写作的构想和写作的艰难为好。这样，在作家协会招待所的客房里，我只是把书稿从兜里取出来交给他们，竟然连一句话也说不出来，那时突然涌到嘴边一句话，我连生命都交给你们了，最后关头还是压到喉咙以下而没有说出，却憋得几乎涌出泪来。其实基于一种自己对文学的理解，只需让编辑去看书稿而无须阐释。下午，我又匆匆赶回乡下老家照看母亲，连请高、洪两位新结识的朋友品尝一下葫芦鸡的机缘也没有，至今尚以为憾事。

我由此时开始进入一种完全的闲适状态。我不读任何小说，有了平生里从未发生过的、拒绝以至逆反阅读现代文学书籍的奇怪的心理状态。却突然想读古典诗词，我把塞在书架里多年未动过的《词综》抽出来，品赏那些古色古香的墨痕之中的韵味而惊叹不已。按常规我把《白鹿原》书稿的审阅过程设想得较长，初审、复审和终审，一部近五十万字的书稿走完这个轮番审阅的过程，少说也得两个月以上，因为编辑们不可能只看这一部书稿，他们要开会要接待四面八方的来访者还要处理家务事。在他们统一结论之前，估计很难给我一个具体的说法。所以，我就在少有的闲静中等待，品赏一个个诗词大家的妙句。出乎意料的是，在高、洪拿着书稿离开西安之后的第二十天，我接到了高贤均的来信。我匆匆读完信后“嗷嗷嗷”叫了三声就跌倒在沙发上，把在他面前交稿时没有流出的眼泪倾泻出来了。

这是一封足以使我癫狂的信。信中说了他和洪清波从西安到成都再回北京的旅程中相继读完了书稿，回到北京的当天就给我写信。他俩阅读的兴奋使我感到了期待的效果，他俩共同的评价使我战栗。我由此而又一次检验了自己的个性，很快便沉静下来，进入一种前所未有的舒缓静谧之中。我也才发现此前二十多天的闲适之表象下隐藏着等待判决的紧张和恐惧，只是明知那个结果尚遥远而已。这个超出预料的判决词式的信件的提前到来，就把深层心理的恐惧和紧张彻底化释了。我的全部用心都被高、洪理解了，六年以来的所有努力都是合理的，还有什么事情能使人感到创作这种劳动之后的幸福呢？！随后对唐诗宋词的品赏才真正进入一种轻松自悦的心理状态。

老何随后来信了，可以想象的兴奋和喜悦，为此他等待了几近二十年，从一九七三年冬天小寨街头的鼓励鼓动到一九九二年春天他在北京给我写《白鹿原》的审阅意见，对他来说是太长了点儿，对我来说，起码没有使这位益友失望，我们的友谊便不言而喻。随后便是如何处理书稿的种种琐细的事，我都由他去处理，我完全信赖高门楼里的这一帮编辑了。

## 五

《白鹿原》先在《当代》分两期连载，之后由人民文学出版社出书，中央人民广播电台和西安人民广播电台差不多同时连播，在读者和文学界迅即引起反响，这在我几乎是猝不及防的。书稿写完时，我当然也有一种自我估计，如若能够面世，肯定不会是悄无声息的，会有反应的。然而反应如此之迅速如此之强烈，我是始料不及的；尤其是社会各个阶层，非文学圈子的读者的强烈反响，让我第一次如此深刻地感受到读者才是文学作品存活的土壤。

一九九三年八月，《白鹿原》在京召开的研讨会，也是我平生所经历的最感动的一次会议。会后某天晚上，老何和高贤均找到我住的宾馆，主动与我商议修改原先的出书合同的事。按原先的出书合同，千字三十元，是九十年代初人民文学出版社执行的最高稿酬标准了。按这个标准算下来，近五十万字的书稿可得稿酬约一万五千元，这是从签订合同时便一目了然的计算，我也很兴奋一次可以拿到万元以上的大宗稿酬而进入万元户的行列了。现在，何与高给我在算另一笔账，如若用版税计酬，我将可以多得三四千元。《白鹿原》按计划经济的征订数目近一万五千册，这在一九九三年的新华书店发行征订中已是令人鼓舞的大数了。按百分之十的版税和近十三元的书价算下来，比原合同的稿酬可以多得三千多元吧。他们已经对比核算过了，考虑到我花六年时间写这一本书，能多得就争取多得一点儿吧。我尚未用版税方式拿过稿酬，问了半天才算明白了其中的好处，自然是乐意的。然而更令我感动的是他们替我所做的谋算，以至于如此细心。作为一本书的作者，面对这样体贴入微的编辑，说什么感谢之类的话都显得多余而俗套。

在《白鹿原》行世之后的几年里，有一些认真的或不甚认真的批评文字，无论我无论老何、老高或人文社的其他编辑，尚都能持一种平和的心态，这是文坛上再正常不过的事。然而有一种批评却涉及作品的存活，即“历史倾向性”问题，我从听到时就把这种意见看成是误读。在被误读误解的几年里，涉及《白鹿原》的评论和几种评奖，都发生过一些不大不小的麻烦。在这些过程中，老何、老高们坚守着自己对《白鹿原》的观点，当我事后了解某些情况时，真是感慨而又感佩，甚至因为《白鹿原》给他们添麻烦而负疚，反倒劝慰他们。他们均表示，此种事已经不属和我的友谊或照顾关系的庸俗做法，而是涉及关于文学本身的重大话题。

大约是一九九七年酷暑时月，某天晚上老何打来电话，告诉我一个消息，说陈涌对某位理论家坦言，《白鹿原》不存在“历史倾向”问题，这个看法已经在文学圈子里流传开来。我听了有一种清风透胸的爽适之感，关于“历史倾向性”问题的释疑解误，最终还是有陈涌这样德高望重的文学理论家坦率直言。老何便由此预测，茅盾文学奖的评奖可能因此而有了希望可寄。约在此前半年，我和他在京见面时，老何还在为我做宽慰性的工作。说茅盾文学奖评奖的可能性不大，对《白鹿原》而言评不评此奖意义不大，有读者和文学界的认可就足够了。我也基本是这样的心态，评奖是一码事，而“历史倾向性”问题是另一码事。我和他在评奖这件事上仍然保持着一种平常心理。现在，陈涌的话对《白鹿原》评茅盾文学奖可能出现的转机只是一种猜估，对我来说解除“历史倾向性”问题的疑虑和误读才是最切实际的。我也忍不住激动起来，评奖与否且不管，有陈涌这句话就行了。有人说过程不必计较，关键是看结果。在《白鹿原》终于评上茅盾文学奖这个结果出来以后，我恰恰感动的是那个过程。尤其在误读持续的几年时间里，人民文学出版社的老何老高小洪等一群坚守着文学意义的编辑，才构成了那个使我难以磨灭的动人的过程。至此，这个高门楼在我的感觉里融入了亲切温暖的感觉。

高门楼的人民文学出版社，凭着一帮如老何老高小洪这样的文学圣徒撑着，才撑起一个国家的文学出版大业的门面，看似对一个如我的作者的一部长篇小说的过程，透见的却是一种文学圣徒的精神。作为一个自以为文学神圣的作者，我结识老何老高小洪们，是自以为荣幸也以为骄傲的。

2001 年 2 月 20 日于原下

# 秦人白烨

从意大利回到北京的第一件事便想到吃，吃一顿涮羊肉。不足半月的亚平宁半岛之行，且不说花样单调的西餐如何使人腻味，即使享誉世界的意大利面条，无论宽的细的长的短的实心的空心的，都让人连回味的勇气也没有。想想一盘橡皮筋儿似的面条里，再浇上一勺子奶酪的那种甜腻腻的滋味，看看怎么入口下肚。涮羊肉便成为一种企盼。其实早在回国的飞机上就谋算定了回京后头一顿饭的目标。

到旅馆办完手续住下，想到立即可以去开涮，心里竟然是如同雀跃的激动。突然又想到一个人太高兴，有位朋友作陪，面对热气蒸腾的涮锅，俩人对饮扎啤又在火锅里乱涮乱戳才开心，便立即打电话给白烨。

恰好白烨没有出远门，人在。

于是，在北沙滩一条小街的小饭馆里，我们便面对一只红铜涮锅而心意融融。他还是那么和悦地笑着，说着文化界的一些新鲜事，声音柔和悦耳。他的悦耳的语音在陕西关中人中也应属个别，听起来特别和谐。他的模样也属于关中人中那种“细活人”，细眉细眼，平头整脸，少了粗犷而多了“细活”，倒更像江南那种才子佳人的眉眼。这些我当然都很熟悉，也无多少变化，却都不是他的主要魅力所在。他的魅力在哪儿？我似乎也很难说清楚一二，交识了十余年，依然无法归纳，倒是常常想起李星对他的一句形象概括：“白烨这熊是老少皆宜，男女皆宜！”

我们吃得很畅快，而我似乎确凿有点儿贪馋，喉咙底下好像有一只手在往里拽着。而我们的无边际的闲谝（北京人说侃），真正是东拉西扯域内海外过去时现在时，现在留下记忆的却只有一件事。似乎是谝起我们过去的旧交时，白烨突然冒出一句话：“你知道我写你那篇文章是在哪儿写下的？”我当然不知道他在西安或在北京或在办公室或在家里甚或在出差的火车上……他断定我猜不中，这是我从他紧紧盯着我的眼神里判断出来的。他紧紧盯着我的眼神有少许神秘多几分认真，却绝无卖关子的意思，在即将开口道破那个神秘而庄重的写作处所时，先释然一笑，眼角眉梢都是释然的轻松：“我在家门口的路灯下写成的！”

大约是一九八〇年春天，我从区文化馆赶到省作协去开会，或者可能是听《延河》编辑部谈对我某一篇小说稿的处理意见，反正除了这两种可能再不会有其他事。那天中午在前院碰见白烨。是他先叫住我，因为我不认识他，他大约是问了门卫之后冲我走过来的。

那时候我尚未听说过这个名字。他便简单做了自我介绍，说他在中国社会科学出版社文学编辑室做编辑，兼做业余文学评论。他说他原在陕西师范大学教学，刚刚调到北京不足一年。他那一口纯正的关中北部口音，顿然化释了初识时的诸多陌生与隔膜，我和他便在鱼池的水泥围栏上坐下谝起来——他说他要和我说事。

他受《文学评论》杂志之约，要写一篇关于我的小说创作的评论，要我提供已经发表过的小说清单、篇名以及所发表的杂志的刊号；还要交谈这些小说创作前后的有关和相关和不沾边的情况。

这是中国进入划时代的八十年代的头一个春天。文学正在复苏。伤痕文学和反思文学正以其可以理解的特殊社会因素而影响社会影响人心，一篇万把字甚至几千字的短篇小说可以轰动全国，影响普通公民的生活秩序和心理秩序，真可谓文学的“特异功能”，然而我们只要稍微回顾一下此前多年文学被“左”棍子们闹成什么样子，便觉得这种奇异的现象在当时的中国合情合理。文学新作和文学新人都如雨后春笋，各种文学期刊和报纸都在为文学新人与文学杰作张扬。《文学评论》杂志似乎已经不能适应那种局面，在刊物之外又编了一种不定期的评论专集《当代作家评论》，把一拨一拨在文坛初具影响的中青年作家的创作予以概括性评述，推向社会。我有幸被列入某一辑中，由白烨来写这篇评论文章。他便是奔这件事来找我的，而且再三郑重强调：“这是我这回回西安最重要的事。”

后来我就再没有见到他。大约到年底，他寄来两本《当代作家评论专辑》。我读了他写的关于我的七八篇短篇小说的综合评论，近乎一万字。我的感觉是贴合初发阶段的那几篇小说的实际，多是方方面面的分析，没有大而不当的溢美，也没有生拉硬扯与什么流派什么主义攀附，纯粹是就作品实际的分析，很中肯，予长处的肯定时也明朗着弱点和希望。

这便是我们的第一面认识和头一回交手。再次见面是相隔四年以后的一九八三年五月，我到《当代》编辑部住下修改中篇小说《初夏》，我们才得此机缘第二次握手。那天中午我们在朝内大街一个饭馆吃了一顿烧卖，喝着散啤酒，说着家乡事以及个人的粗略经历，情感渐渐交融了。之后又是几年，我一直住在乡下，他偶尔回到西安，匆匆来去，很难遇合到一起。大约是一九八九年三伏，我为安顿孩子的读书在西安住着，晚上热得睡不下，大家都习惯聚在编辑部四合院里乘凉闲谝。蒙蒙月光下，白烨幽灵似的悄没声儿走进人窝来，大家认出后就惊呼起来。他从黄陵老家探亲回来，到作协熟人处找床来了。那一夜，大家谝得很开心，谝什么都一概记不得了，反正就是文学上的一些活动，文坛信息和动向，某位作家某部新作的成败得失，而很少涉及人事纠葛之类。他似乎对于人际尤其是文艺人士间的亲疏好恶不感兴趣，常扯到一些文人纠纷时便讷言拗口起来。直到去年我三次去北京，才多了几次接触，然而他都没有提及十三年前的那篇文章在什么地方写的。我可真的想不到，他当时竟然如此困窘……

白烨是陕西黄陵县人，黄帝的陵墓在那儿，那儿便得此县名。

他的家在山地在平川我至今也不甚了了，距黄帝陵有多远也搞不清，只知道他和我一样是一个纯粹的农民家庭，父母都是以抚弄庄稼获取生存能力的农民。

白烨很聪明，记忆力超人，念书总是受老师的器重。聪明的脑瓜又兼着一个好性情，在家在校在村子走亲戚，到哪儿都招人喜欢。确凿，他不属于那种在一切场合都张扬自己突出自己的人，也不是另一种阴冷诡谲的人；他热情开朗坦诚，在重要和不重要的场合随意找个空位就座，只是坦诚地说出自己的意见，而不期望压倒所有意见，不见霸道而多了些文质彬彬，不想成为话题中心反而容易让人回味他的观点。

他的人缘好，主要因了他的性格好。讨大人喜欢也得同伴们喜欢，也讨一个洋娃娃女子的喜欢。这女子是当时上山下乡插队锻炼到黄陵的北京知青，由一般喜欢到二般三般深深钟情，再到爱死爱活非白烨不嫁的如痴如傻的程度……

她后来成为他的妻子。

白烨后来到陕西师范大学念书，毕业后留校任教。她后来招工到了西安的铁路系统，随后调到北京附近。白烨随后也调进北京，在中国社会科学出版社做编辑。我们的生活里很快排除了婚恋中必须以政治流行语作表达方式的假大空，她和他留存下来的就只剩下真诚。她骄傲自信自己比伯乐还眼尖手快，认准了白烨也抓住了白烨无怨无悔，白烨总是陶醉于她过去的温情和现在的贤惠，而且温情不减。

初到北京，白烨除妻子一家人外再没有亲朋好友。住就凑合在岳父母家里，那是一个胡同里的小杂院内的小屋子，住着一大家人。拥挤到什么程度无法细述，反正给他连支一张小茶几铺稿纸的地方也没有，于是就把书桌摆到街巷里。书桌其实只是一个四方形的兀凳，座椅便只能是一只小马扎，这套行头简单轻便，易于搬出来也易于搬回去。照明设备是高悬在电杆上的昏黄的路灯。关键是得耐心等待时机，等到巷道胡同里那些纳凉的大爷大娘侃够了闲话抱着茶壶瓷缸走回各自的小院，奔跑耍闹的孩子疯够了闹够了像鸟雀一样回归窝巢，骑车往来的过路人由稠到稀再到零三稀四，白烨才能搬出兀凳马扎在电杆下摆置开来，摆开舞文弄墨作文作论的架势。其时，夜已深沉，五月的温馨的风抚摸他的脸颊和肌肤，而他已经进入一种艺术的思辨之中。

五月北京深夜的电杆路灯下，坐着一位未来的文学评论家白烨，在做文章。

白烨是黄帝陵墓下的古老臣民的后裔，是北京的女婿。按陕西关中乡俗，娶了这个村的媳妇，便是整个儿村子的女婿。白烨是整个儿北京的女婿。

一篇万言的评论文章在电杆下起草，修改，直到抄写整齐，我不知道他在电杆下持续了多少个夜晚，而且肯定要受到譬如刮风下雨，譬如突发事件的干扰，也真是难为他了。直到现在，作家和社会都在呼吁给知识分子以较好的工作与生存条件，譬如白烨不能永远在电杆路灯下写文章。我的一位朋友的二十多万字的长篇小说，草稿和修改稿都是在两三平方米的厕所里干完的，同样是住室容不得他安一张书桌。然而我又反过来想，关键还是肚里得有货。蚕儿没有簇可上时便把茧子结到墙上，母鸡下蛋找不到窝时可以随便下到地上，作家肚里有文章找不到桌子便扑马路进厕所，是肚里有货要倒出来。肚里没货的蚕和鸡和作家，即使安置到五星级宾馆即使坐进金銮殿，照样拉不出丝屙不下蛋写不出文章来。

无论如何，电杆路灯下奋笔疾书的白烨，算得古老而又现代的北京熙熙攘攘花花绿绿的一种风景。

这是年轻白烨的一段小小的鲜为人知的插曲，而更具一种学人奋斗精神风貌的事，便是在这更困窘的一年里，他除去上班完成自己的工作任务外，利用一切休息和空暇时间奔图书馆。他所工作的单位从调入的头一天起就给他形成一种威压，中国社会科学院这样的大学府，无疑是各路学问大家聚集之地，他立即意识到自己需要进行基础工程建设。其实何止高等学府，在任何单位任何场合，都是容不得浅薄者半瓶子醋的。问题在于个人自学的迟早和程度，我们并不少见那种到处夸夸其谈的半瓶子醋式的人。有了这种自觉便获得了最原始的攀缘的策动力。白烨读过多少书已经很难算计了，最具意义的是，他把马、恩、列、斯的全部著作研读完毕，而且做了十几万字的笔记。他的记性之好令人惊异也令人妒羡，一些专搞马列理论研究的人常常为一个论点或一句“语录”而找不到出处，或者搞不清记不全原文，便问询白烨。白烨便一口报出在某一卷的某一篇文章里，如翻查一下卡片，连页码也准确无误地报将出来。他可以说是一部马列著作的“活字典”。

十余年里，常常在报纸刊物上看到他的名字，虽然不能见面，读到他的文章，便有一层了知，知道他又读了一本什么好书，研究过某个作家的作品或某一种文学现象。看到他的论述和观点，也常常受到启示。就整个儿印象而言，他似乎没有极端的言语，没有在赞赏某种流派的同时，就以不同流派或主义的作品为牺牲对象，甚至连生存一刻的宽限也不给。我常常想到他对各种文学现象文学样式的冷静和宽容，便想到这可能不只是他的性情好或人格修养好，恐怕主要出于他对艺术创造的深刻理解，而这种理解又得之于艺术眼界的宽泛开阔。一个艺术视野狭窄到只能看见自己的笔尖所划的那几条墨痕的人，自然很难容纳别一根钢笔所划的墨痕。艺术视野的开阔首先得之于阅读的广泛，对于近代、当代中国文学和世界文学的了解，才可能使人悟觉，自己的笔所划拉的墨痕值得一赏，前人和今人也同样划出了诸多有赏析价值的墨痕。白烨对许多文学现象的评价和前景观瞻，多数都被急剧变幻发展的文坛现实所证实。这可不是算卦问卜。

虽然相识多年，直到去年九月我才第一次到白烨家里去。我一般不大愿意去朋友家里，扰乱了一家人的生活秩序。然而这一次却是我主动要去的，儿子刚刚到陌生的北京上学，总怕出点儿什么事而鞭长莫及，让儿子认下他的家门，万一有什么急事也好有个大人给出出主意帮帮忙。

按照他在电话里的指点，倒是顺利地找到那条胡同和那个院子的大门，进大门以后反倒六神无主了。那么一个深宅大院，那么多曲里拐弯的岔口岔道，每走一个岔口就得问人：找白烨该当向左还是向右，好笑竟是一路向右拐，好笑如搁“文革”该打右派了！直到走到他家门口还在问路，倒是他在屋里听见我的声音便蹦了出来。我却释然慨叹：“下次来下下次来照样还得问路！”

两小间平房。房子很低矮，扬起手就可以摸到檐瓦，然而墙是水泥和砖头砌成的，成色还有几成新，算不得古老。整个儿屋子里，三面墙壁都摆置着书架，中间仅留一条小甬道，俩人并肩走过去就摩肩接踵。只在靠着门口的两扇小窗下摆着一张小书桌。我马上猜想到这张恰尺等寸的小书桌，肯定是事先量过剩余的地方让木工师傅制作的。

这就是文人学士们所习惯戏称的“斗室”。他就在这张小桌上抒写一篇又一篇论文。我忽然又想起肚里有货无货的蚕和母鸡来，有货便可以就着这张小桌如行云流水般倾泻笔端，无货则干瞪眼，住什么房子摆怎么阔的桌椅都帮不上屁忙。白烨却是一副上中农自满自足的笑脸：“不错了不错了，能有一张桌子一个窝铺真不错了！”而且补充说，单位正在盖住宅新楼，可望分到一套。由此又忆及刚到北京时挤住岳丈家的困窘：“现在真是不错不错了！”

不单是他工作在政治经济文化中心北京，他的阅读之广泛视野之开阔信息之敏锐是大家公认的，所以见面时总想听他说点儿新鲜话题。我常玩笑问他，文坛又插出什么新旗帜了？或者说，哪个主义领着风骚了？他便侃侃而谈。这回坐下喝茶，我便问起刚刚公布的一九九三年诺贝尔文学奖得主莫里森。除了报纸上简单到可谓勤俭节约楷模的片言只语的介绍，我对托妮·莫里森一无所知，似乎以往对她的著作评价介绍的本来就相当少，更不要说阅读她的作品了，白烨便介绍莫里森的生平著作略要，顺手从书架上抽出一本薄薄的小册子，是托妮·莫里森的长篇小说《苏拉》中译本。这是一部十三万字的长篇小说，就是白烨供职的中国社会科学出版社出的书。

这天中午我们在他家吃的素包，喝的小米稀饭，这是我事先预约好了的。北京沙滩小巷道里的小米粥五毛钱一小碗，贵且不说，西北主产的小米卖上好价钱，心里竟有一种阿Q式的自豪。关键在于那些小铺店的脏乱，一瞅就令人心悸，所以便跃跃然要求一碗小米粥喝。白烨夫人许是在黄土高原插队时学下了手艺，烧熬的小米稀饭是再好不过了，稀稠合宜软硬适度，一种纯属于粮食自身的香味儿特别可口，素包也好吃极了……白烨便大笑：穷命薄命，吃家常饭比吃国宴还来劲儿！

从小居出来，我就有一种酒足饭饱的慵懒，在异国被洋餐搞倒弄败了的胃口一下子复原了。我们到旅馆坐下喝茶，他因酒力而脸泛红光，侃侃而谈，腰里的BP机不时鸣响。他便不厌其烦地去回电话。他精力充沛，善与人交善与人处，思维敏捷，也很精明，许多文学朋友的麻烦事都乐于和他商量，他往往能做出最清醒的判断，能找到最恰当最妥帖的处理办法……相交既久，便见善心。文章写到这里，依然觉得是有感有觉而难下结论概括白烨，似乎还是评论家李星的概括形象准确：白烨这熊是老少皆宜，男女皆宜……

1994 年 3 月 15 日　小寨

# 再会棕榈

——於梨华印象

到昆明再会於梨华。不料见面第一句便考问我，记着我上次给你说的一句话吗？可以想见我的尴尬，因为我浑然无觉了。於梨华矜持许久才揭出谜底：不要抽烟。难怪我忘了，这种关于烟的劝告我已忘记了许多人的好意。

同是三年前的金秋十月，在福建泉州召开的北美华人作家作品研讨会上，初识仰慕已久的美籍华裔女作家於梨华，如读棕榈，留下了初读《又见棕榈，又见棕榈》一样生动而又难以淡忘的印象，一个纯净如棕榈树的作家。

昆明再见，已是熟人，加之这回笔会人少，出行便或前或后相行，多了交谈的机会，我才得知，於梨华二十世纪六十年代初赴美读书，在大学期间就发表文学作品，及至长篇小说《又见棕榈，又见棕榈》发表和出版，骤然卷起留学生文学的风潮，於梨华自然成为留学生华文文学的开山者之一，在美国的文坛上成为独秀一枝的奇葩。七十年代中期，她趁到新加坡访问之机，登上了大陆，可以想见一个怀有正义感的作家的勇气。回到美国后，她写了大陆之行的系列纪实性见闻录，发表于华文报纸，也发表在《人民日报》上或《参考消息》上，在海峡两岸以及美国引起广泛反响。稍微熟悉七十年代中期海峡两岸关系状态和世界冷战状况的人，自然会钦敬於梨华的胆魄和远见卓识。台湾当局立即做出反应，不许於梨华返台。整整有十年之久，她既不能回台湾探亲，也不能参加任何文学活动，直到八十年代中期才解禁。

於梨华说："他们太小气了。"

她没有通常人们遭遇此类事件的激愤，也没有任何自我夸耀的言辞和神气。她向我叙述完这个简略到不能再简略的经历之后，只是说："他们太小气了！"我顿时领悟到这其实是最富于意蕴的一种评判，一种於梨华式的个性语句、修养、人格、胸怀、境界等。

如果从背影看，於梨华给人不过四五十岁交界处的年龄。然而她确凿已经七十岁了。尤其是轻捷的脚步，几乎与年轻人无异，无论参观的路程多长，她从不落步，更不见疲态。在一处山地踏阶而上时，我中途停歇了两次缓气，於梨华早已轻松地登了顶端，对我再次劝示：这回该戒烟了吧？

於梨华二十多年前突破禁区造访大陆以来，多次受到国家领导人的接见和关照。然而她始终清醒地把自己定位为一个作家，一个中国裔的作家，只要有机缘，她便兴致勃勃地从美国赶过来，踏访探寻，几乎走遍了中国的东西南北，一篇篇一本本的文章或书发表出版，永不衰竭。这回是云南保山市文联相邀，由与她交好的作家方方陪同，所到基层市县，无论条件如何，全不在意，只集中着对山水民俗和历史的兴趣。在傣家村寨，她加入傣家姑娘的舞蹈队列中，模仿傣族舞蹈的舞步和手姿……只是在一次民族风味占主调的午餐桌上，面对一盘油炸野蜂蛹，无论主人如何热情地介绍此菜的营养价值，她只是摇头摆手不敢认同，天真如一个孩子。

在一座休眠的火山顶上，林间草地上野生着一朵朵蘑菇，於梨华便一个个指认，云南作家汤世杰做义务讲解。於梨华看到一朵艳红的蘑菇，惊呼：“好漂亮耶！”汤世杰便严肃警告，这种蘑菇不能吃，越艳丽的蘑菇毒性越大。於梨华瞬即类比，太漂亮的女人不要碰！大伙便哈哈起笑，也不问为什么。於梨华再次申述，真的，越漂亮的女人越不能碰。我便打趣，你的这话可以公开吗？意下隐含你不怕漂亮女人诅咒你吗？她爽快地说，怎么不敢公开？这有什么！

我在七八天的旅行中，只见过她的一次狼狈相。那天中午，车行至山路上停住，下一道很深的坡，去观赏架在怒江上的双虹桥，这是通南洋的古丝绸之路上的一座名桥，建于清初。因为早晨刚下过雨，窄窄的山道上泥泞滑溜，坡度又陡，年轻人走起来也是左摇右晃。於梨华虽然时时惊叹坡陡路滑，却始终没有退缩放弃之意，在大伙的帮扶下，一直走到怒江边上，走在凌空飞架的铁索桥上，孩子一样欢叫起来了……她许久才发现一双白色旅行鞋几乎被黑色泥巴全糊住了，心疼地嚷嚷：我来时专门买的新鞋，八十美金哪！说完又笑了。

翻越高黎贡山到达山顶，停止以观赏高山杜鹃花树。於梨华对着栽在路边的一块广告牌惊疑发问："'淋浴'怎么还要'加水'？"众人顿时爆发出大笑。路边店主立的这块广告牌字大醒目，"淋浴"是指向人的服务项目，"加水"则是指车。因为没有间断，久居旧金山的於梨华同志（戏称）便发生了阅读误差。有人随之打趣道："'修理'之后还要'配套'哩！"这同样是广告牌上下边的四个字，如果与"淋浴"一起联系到人，笑话就闹得更大了。直到此行结束，每有相关的语言误差发生，便有人拉出"'淋浴'还需'加水'吗"的笑料，消解了旅途的疲累，增添了活泼，包括於梨华同志，时不时地会逗问，还是"淋浴""加水"的问题吗？

依依地分手。方方和於梨华又奔四川九寨沟去了，她毫无倦意。临了仍然不改她的忠告：把烟戒了。

真如一棵常青的棕榈。

2001 年 10 月 26 日夜于原下

# 陪一个人上原

电话里响着一个陌生的声音，开门见山："我是北京人艺林兆华。"我在意料不及的瞬间本能地"噢"了一声，随口回应："你是大导演呀，我知道。"接着再没有寒暄和客套，他就说起要把《白鹿原》改编成话剧的设想。我只是确定了小说《白鹿原》被大导演林兆华相中改为话剧的事，自然是一种新鲜而又欣然的愉悦，都不太用心听他说有关改编的纯粹的具体事务了；倒是欣赏起他说话的声音，温厚绵软而又简洁，没有盛气，更没有夸夸，自始至终没有一句新名词。我之所以敏感他的说话方式，似乎是某种先入为主的印象，我虽然是几年也难得看到一场话剧演出的与戏剧隔得老远的门外汉，却早已闻知林兆华的大名，尤其知晓他是一位艺术观念颇为新潮的导演。我依积久的经验自然地作为参照和推想，不料却令我诧异，竟不见一句新潮词汇，而且声音如此温厚如此平实，可以信赖的踏实感就在短短的第一次通话里形成了。

随后就有了第一次见面。那是几年前的早春时节，我把几件事挪攒到一起赶到北京。西安已经是柳絮绽黄迎春花开的气象，北京还裹在丝毫不见松懈的寒冷里。我找到北京人艺门口，看见一个小小的“北京人民艺术剧院”的牌子，注目许久，顿生慨叹，真正的名牌依然保持着原有的标徽，当是一种自信。我第一眼瞅见林兆华导演同时握住手的时候，电话里的印象迅即延伸为一个更令人意料不及的具象，一个号称“中国话剧第一导”的又以现代派闻名的人，不见披肩长发，没有垂胸的胡须或别致的短髭，却是灰塌塌的不经任何修饰的本色寸发，还有不显线条也不见棱角的对襟纽扣的布褂。我在那一刻暗自发笑，文艺界的朋友调侃我的脸是关中老汉的典型代表，我也在记者关于电影《白鹿原》采访的提问里自我调侃，我最适宜演老年的长工鹿三。我突然发现握着手的林兆华，如果走进关中乡村的任何一个村子，那里的农民会以为是一位老亲友来了。他的对襟布褂和看不见裤缝儿的裤子，更触发得我一时眼热，我自小一直穿这种家母织布家母染色家母缝制的褂子和裤子，穿到高中毕业都换不出一件新式样，照毕业相片时借同学的一件制服上装改换了一回装束。我虽向来不打领带极少着西装，却也再没有穿这种老式对襟衫褂的兴趣，包括花样翻新的“唐装”。我在握着这位新结识的大导演的手时，又生出一层慨叹，一个以探索现代新潮话剧导演风格闻名的人，却用过时的中国乡村最传统的民间服饰打扮包装自己，割裂了矛盾了，还是某种天然的融汇和统一？抑或纯粹属于生活习性？然而确凿无疑的一点，以服装的式样和须发的长短来判断一个艺术家精神气象的明暗，看来难免会出意外的。

我已经记不清他来过西安几趟了。印象深的有两次。他要上白鹿原上去观察感受那里的天象地脉气韵，我完全能理解。我做向导，从灞桥区辖的原的西坡上去，直到蓝田县辖的原的东头下了北坡，沿着灞河川道途经我的隔河相望的家门再回到西安城里。我按他的意趣指向，进一个村子又找到另一个村子，寻找二十世纪五十年代以前的民居住宅，还有家族的祠堂，还有接近类似小说主人公白嘉轩经济实力的宅基房屋的规模和样式。令他也令我遗憾的是，二十世纪五十年代到六十年代成片成堆的土坯墙小灰瓦的大房和厦屋已经很少了，几乎是一色的装饰着瓷片的水泥平房或二层小楼房。祠堂连一座也没有找到，所答几乎众口一词，早都拆了。林兆华仍不死心，我更是觉得过意不去。无论如何，我还是为这个原上的乡亲庆幸，他们终于有了一砖到顶机瓦或楼板覆盖的结实而又美观的新房子，基本实现了独门独户，几乎见不到三家五家乃至八家拥挤一院的穷酸相了，无论种田植果树抑或出苦力打工，尽管比不上城里人生活水平提升幅度大，总是比改革开放前几十年好得远了。至于旧房老屋之无存，让林导难以感受贫穷乡村的氛围，自是不成遗憾的遗憾。我们终于找到一家古旧的房屋，可以看出曾经是颇有点儿经济实力也就比较讲究的建筑，迎面的门板是宽幅的木扇，门板上有简单的格子雕刻。经打问得知，建造这房子的业主，是一位手艺超群的刻字匠，曾给民国时代的几多要员刻过墓碑铭记，收入自然优于乡民，房子就讲究了。林兆华当即就拍板：“这个门和窗子我要了。”房主人说了这个旧房马上就要拆掉，林导嘱咐把门窗妥为保管。进得屋里，有木板镶成的木楼，早已被烟熏成黑色。一架宽板木梯搭在后墙边，两根梯柱原为一根粗大的木头，用锯居中锯为两半，镶着一块一块宽约尺余的踏板，比那些木条梯子豪华气派多了。我家曾经有一架木板梯子，与这架梯子几乎出于同一个木匠之手。林兆华又是一句："这梯子我也要了，给我保护好。"出门到了乡村街道里，他便告诉我这些东西将做何用场，在于展示旧时乡村的一种逼真的景象。我却想到，这个人现在脑子里整个儿转着一部戏，随即都有最敏锐的招儿在触景中冒出来。不能忘记的是下到原上的一条沟底的兴奋场景。这个沟里原有的民居几乎都是窑洞，整个儿村庄搬迁到原上的平地里去了，无法搬动的土窑洞留下一片败落和荒凄，倒塌的窑院围墙，杂草野树丛生的院落，一孔孔或大或小的被烟熏黑的窑洞。林兆华一看见就惊叫起来："这就是小娥和黑娃住的窑洞呀！"他一个接一个察看卸掉门窗的空洞的窑，始终兴奋不已。我便提示他，这就是关中一些坡崖沟坎地区的窑洞，比较高，比较宽大，更显得深。我作为比较的对象是陕北的窑洞，一般比较低矮比较窄小也比较浅，却比较精致。我开玩笑说，千万不要把小娥和黑娃的窑洞，在布景上搞成毛泽东在陕北住过的那种窑洞的样式。

去年夏天，正是西安酷热难熬的伏季，林兆华领着剧组二十多号男女演员来到西安。我把他们安排在原坡下浐河边的半坡饭店，图得演员上原到乡村体验生活方便。灞桥区文化局给予精细周到安排。观众喜爱的濮存昕等演员上到原上，几乎每个人在到达原上时都发出同一声感叹：噢！这就是原。原是西北特有的一种地理地貌，不过就是一个小平原而已。阅读小说所发生的对“原”的神秘和不可理喻，瞬间就成为一种真实的感觉和体验，如同我初见南方的小桥流水和水上人家的感觉。这些北京来的演员大多在电视电影里出现过，被偏远的原上的乡民指点出来，受到最诚朴的欢迎。他们走村串户，看当地的男人走路的姿势，说话的口吻和身体动作语言，看女人如何烧火做饭，管教儿女，看得津津有味。我陪他们看了两家颇气派的老宅旧院，一家仍有人住，一家已荒废，都是青砖包墙方砖铺地的四合大院，尽管陈旧破败，依然可见当年的品格。这两家的主人都是乡村中医，我自小就听说过他们的名字，川原上下不幸生病的人都上门求救。他们的子孙大多已在西安或外省安家立业，留在乡村的人也已另择新居地。林兆华在这两个院子里踏勘。我猜想，他大约在琢磨让白嘉轩还是鹿子霖主掌这样的庭院？濮存昕也始终笑眯眯地看那过道里生动的砖雕，是否还是他——白嘉轩当年刻意的镶嵌？他将如何进入这个庭院并演绎他的人生？

相聚过来的男女乡民，在街道上或立或蹲。濮存昕也学着村民站一会儿又蹲一会儿，东拉西扯着闲话。我陪着林导和濮存昕，在树荫下在房檐下和南枝村的老少闲聊。这个村分白姓和魏姓两大宗族，有人悄悄向我探问，你书里写的白家是不是俺村的白姓，鹿家是不是俺村的魏姓？我说不是。他反而不信，又问，为啥你写的白家和鹿家的事跟俺村××和××的事情那么相像？我说我是瞎编的，偶合了。我随后和林导、濮存昕到一户农家吃午饭，煎饼卷黄瓜丝和洋芋丝，是地道的农家灶锅烹饪的食品，林、濮都吃得很新鲜，似乎还说这样可口的饭菜拿到北京去卖，生意会很火。

林导提出要看纯粹的民间演出的秦腔。不费多少力气就召唤来一批男女唱家。这些人农忙时务庄稼，农闲时组合在一起，到乡间的庙会集市去演唱，也为新婚庆典和丧事葬礼演唱，有报酬，却不高。其中一些男女唱家已唱出影响，在方圆几十里乡村甚为闻名。我担心这些业余唱家达不到林导要求，还联系来西安几位年轻的专业演员。演唱一毕，林导就拍板了，就是这个就是那个还有某某……全是业余唱家。我大略领会他的意图，在话剧几个主要情节转折处，插唱一段或三五句秦腔唱段，要乡野里这种原生形态的唱法和腔调，太完美的专业演员的唱腔不适宜话剧的乡土气氛。同时请来了华阴县的"老腔"演唱班子，也是纯一色的农民，他们保存着流传在华山脚下一种几乎失传的古老唱腔，乐器也区别于秦腔，更为苍凉悲壮。我看着林导目不转睛的神情，想到他已经入迷了。果然他兴奋地拍了板。这个老腔早已在张艺谋的电影里作为衬底的旋律，正恰切不过地流动着关中这块土地沉重苍凉浑厚的底蕴。林兆华敏锐地感知到了，这从他的专注沉迷的神色里显示出来。

我后来到北京人艺，参加了话剧《白鹿原》的新闻发布会。

我看到了林兆华的自信。他的自信溢于言语和神色。这应该是我参加这次活动的最富实际意义的收获。还有宋丹丹的发言，她说林导告知她出演田小娥一角的第二天，她就去健身房减肥健身了。她婉谢了电视剧邀约。我也深受感动，艺术创造的意义和价值，不是经济实惠所可完全改变一切艺术家的。

我在把话剧改编应诺给林兆华导演的时候，纯粹基于我对写作的一种理解，我写小说的一个基本目的，就是要争取与最广泛的读者完成交流和呼应。我从短篇写到中篇再写到长篇，这个交流和呼应的层面逐渐扩大，尤其到《白鹿原》的出版和发表，读者的热情和热烈的呼应，远远超出了我写作完成之时的期待。我以为这是对我的最好回报、最高奖励。即：在于作家通过作品所表述的关于历史或现实的体验和思索，得到读者的认可，才可能引发那种呼应，这就奠定了一部作品存活的价值，也就肯定了作家的思考和劳动的意义。话剧将是完成《白鹿原》与观众交流的另一种形式。小说阅读是一种交流形式，话剧舞台的立体式的活生生的表演是迥然不同的交流形式，有文字阅读无法替代的鲜活性，以及直接的情感冲击。这与我创作的初衷完全一致，我自己甚至也觉得新奇而又新鲜：看到活跃于舞台上的白嘉轩们当是怎样一种感觉？濮存昕创造的白嘉轩和宋丹丹创造的田小娥当会与观众完成怎样的交流和呼应？

我几乎没有提出任何条件性的要求。我唯一关注的是能体现我创作小说的基本精神就行了。我知道话剧很难在有限的时间里演绎所有情节，取舍是很难的事。我相信林导和编剧，让他们做艺术处理吧。我在初见林兆华的交谈里，领受到他对《白鹿原》的深层理解，已经产生最踏实的信赖，连“体现原作精神”的话都省略不说了。

我记下与林兆华导演几次接触中的印象，在于体察和理解一位艺术大家，如何完成他艺术世界里的一次新的创造理想。我在写完《白鹿原》最后一行句子就宣布过，我已经下了那个原了。林兆华导演却上了原。我期待看到他创造的白鹿原上的新景观。

2006 年 5 月 14 日　雍村

# 一九八〇年夏天的一顿午餐

## 一

一顿午餐，留下两个人半生的记忆。

这两个人，一个是作家刘恒，一个是我。

十一月中旬在北京召开的中国作家协会第七次全国代表大会期间，在堪称豪华的北京饭店的过厅里，我和刘恒碰见了相遇了，几年不见，他胖了，头发却稀疏了。心想着按他的年纪，头发不该这么稀，眼见的却稀了。对视的一瞬，都伸出手来握到一起。没有热烈的问候，也没有搂肩捶胸的亲昵举动，他似乎和我一样不善此举。刚握住手，他便说起那顿午餐，在我家乡的灞桥古镇上吃的那一碗羊肉泡馍。正说间，围过来几位作家朋友，刘恒着意强调是站在街道边上吃的。我说是的，一间门面的小饭馆容纳不下汹涌而来的食客，就站在饭馆门外的街道上吃饭，站着还是蹲着我记不清了……

这是一九八〇年夏天的事。

这年的春节刚刚过罢，我所供职的西安郊区随区划变更为雁塔、未央和灞桥三个区。我的具体单位郊区文化馆也分为三个。我选择了离家较近的灞桥区文化馆，为着关照依赖生产队生活的老婆孩子比较方便，还有自留地须得我播种和收割。刚刚设立的灞桥区缺少办公房舍，把文化馆暂且安排到距离区政府机关近十里远的灞桥古镇上。这儿有一家电影院，用木材和红瓦建构的放映大棚，据说是一九五八年“大跃进”年代兴建的文化娱乐设施，地上铺的青砖已经被川流不息的脚步踩得坑坑洼洼了，既可见久远的历程，更可见当地乡民观赏电影的盛况。放映棚后边，有一排又低又矮的土坯垒墙的平房，是电影放映人员工作和住宿兼用的房子，现在腾出一半来，给我等文化馆干部入住，同时也就挂出一块灞桥区文化馆的白底黑字的招牌。我得到一间小屋，一张办公桌、两把椅子和一块床板，都是公家配备的公物，一只做饭烧水的小火炉是自购的私家财物，烧煤是按统购物资每月的定量，到三里外的柳巷煤店去购买。我那时已官晋一级，兼着区文化局副局长，舍弃了区政府给文化局分配的稍好的办公室，选择了和文化馆干部搅和在一起。我喜欢古人折柳送别的这个千年老镇，一缕温情来自桥南头的高中母校，三年读书留下的美好记忆全都浮泛出来了；另一缕情思或者说情调，来自职业爱好，多年来舞文弄墨尽管还没弄出多大的响声，尽管生活习性生活方式和当地农民差不了多少。而文人的那些酸不酸甜不甜的情调却顽固地潜伏着，诸如早春到刚刚解冻的灞河长堤上漫步，看杨柳枝条上日渐萌生的黄色嫩芽，夏日傍晚把脚伸进水里看长河落日的灿烂归于模糊，深秋时节灞河滩里眼看着变得枯黄的杂草野花，每逢集日拥挤着推车挑担拉牛牵羊的男女乡民，大自然在这个古镇千百年来周而复始地演绎着绿了枯了暖了又冷了的景致。刚跨入二十世纪八十年代的古镇周边的乡民在这里聚集，呈现出从极“左”律令下刚刚获得喘息的农民脸上的轻松和脚下的急迫，我常常在牛马市场木材市场和小吃摊前沉迷……我觉得傍着灞河依着一堤柳绿的古镇灞桥，更切合我的生活习性和生存心理。

刘恒突然来了。是我在这个古镇落脚扎铺大约半年时。一九八〇年正值酷暑三伏最难熬的季节，一个高过我半头的小伙子走进电影院后院的平房，找我，自我介绍是《北京文学》的编辑。我在让座和递茶的时候，心里已不单是感动，更有沉沉的负疚了。古镇灞桥通西安的十三路公交汽车，那时候是一小时一趟，我每逢到西安赶会或办事，在车上前胸后背都被挤拥得长吸粗吁；汽车在坑坑洼洼的沙石路上左避右躲，常常抵不上小伙子骑自行车的速度。这是唯一的公共交通设施，别无选择，出租车的名称还没有进入中国人的生活。刘恒肯定是冒着燥热乘坐西安到城郊的这班公共汽车来的，而且是从北京来的。我的那间宿办合用的屋子，配备两把椅子，超过两个来客我便坐在床沿上，把椅子让给客人，沙发在那时也是一个奢侈的名词。刘恒便坐在另一把椅子上，喝我递给他的粗茶。他说他来约稿。他似乎说他刚进《北京文学》做编辑不久。他说是老傅让他来找我的。说到老傅，我顿然觉得和近在咫尺的这位小伙子拉得更近了，距离和陌生顿然大部分化释了。

## 二

老傅是傅用霖，年龄和我不相上下，还不上四十，大家都习惯称老傅而很少直呼其名，多是一种敬重和信赖，他的谦和诚恳对熟人和生人都发生着这样潜在的心理影响。我和他相识在一九七六年那个在中国历史不会淡漠的春天。已经复刊出版的《人民文学》杂志约了八名业余作者给刊物写稿，我和老傅就有缘相识了。他不住编辑部安排的旅馆，我和他也就只见过两回面，分手后也没有书信来往。一九七八年秋天我从公社（乡镇）调到西安郊区文化馆，专注于阅读，既在提升扩展艺术视野，更在反省和涮涤极“左”的思想和极“左”的艺术概念，有整整三个月的时间，完全是自我把握的行为。到一九七九年春天，我感到一种表述的欲望强烈起来，便开始写小说，自然是短篇。正在这时候，我收到老傅的约稿信。这是一封在我的创作历程中不会泯灭的约稿信，在于它是第一封。

此前在西安的一次文学聚会上，《陕西日报》长我一辈的老编辑吕震岳当面约稿，我给了他一篇《信任》。这篇六千字的小说随之被《人民文学》转载（那时没有选刊，该杂志辟有转载专栏），到一九八〇年年初被评上第二届全国短篇小说奖。老吕是口头约稿。我正儿八经接到本省和外埠的第一封约稿信件，是老傅写给我的，是在中国文学刚刚复兴的新时期的背景下，也是在我刚刚拧开钢笔铺开稿纸的时候。我得到鼓舞，也获得自信，不是我投稿待审，而是有人向我约稿了，而且是《北京文学》杂志的编辑。对从中学就喜欢写作喜欢投稿的我来说，这封约稿信是一个标志性的转折。我便给老傅寄去了短篇小说《徐家园三老汉》，很快便刊登了。这是新时期开始我写作并发表的第三个短篇小说。直到刘恒受他之嘱到灞桥来的时候，我和他再没见过面，却是一种老朋友的感觉了，通信甚至深过交手。

## 三

我和刘恒说了什么话，刘恒对我说了什么话，确已无从记忆。印象里是他话不多，也不似我后来接触过的北京人的口才天性。到中午饭时，我就领他去吃牛羊肉泡馍。这肯定是作为主人的我提议并得到他响应的。在电影院我的住所的马路对面，有镇上的供销社开办的一家国营食堂，有几样炒菜，我尝过，委实不敢恭维。再就是八分钱的素面条和一毛五的肉面条。我想有特点的地方风味饭食，在西安当数羊肉泡馍了。经济政策刚刚松动，我在镇上发现了头一副卖豆腐脑儿的挑担，也过了久违的豆腐脑儿的口瘾；紧跟着就是这家牛羊肉泡馍馆开张，弥补或者说填充了古镇饮食许久许久的空缺。这家仅有一间门面的泡馍馆开张的炮声刚落，在古镇以及周围乡村引起的议论旷日持久，波及一切阶层所有职业的男女，肯定与疑惑的争论互不妥协。这是一九八〇年特有的社会性话题，牵涉到两种制度和两条道路的议争。无论这种议争怎样持续，牛羊肉泡馍馆的生意却火爆异常，从早晨开门并拨旺昨夜封闭的火炉，直到天黑良久，食客不仅盈门，而且是排队编号。呼喊着号码让客人领饭的粗音大响，从早到晚响个不停。尤其是午饭时间，一间门面四五张桌子根本无法容纳涌涌而来的食客，门外的人行道和上一阶土台的马路边上，站着或蹲着的人，都抱着一只大号粗瓷白碗，吃着同一个师傅从同一只铁瓢里用羊肉汤烩煮出来的掰碎了的馍块。

我领着刘恒走出文化馆所在的电影院的敞门，向西一拐就走到熙熙攘攘吃着喊着的一堆人跟前。我早已看惯也习惯了这壮观的又是奇特的聚吃景象，刘恒肯定是头一回驾临并目睹，似不可想象也无所适从吧。我早已多回在这里站着吃或蹲着吃过，便按着看似杂乱无序里的程序做起，先交钱，再拿七成熟的烧饼，并领取一个标明顺序数码的牌号，自然要申明“普通”或“优质”，有几毛钱的差价，有两块肉的质量差别。我招待远道而来的贵宾刘恒，自然是肉多汤肥的“优质”。那时候中国人还没有肥胖的恐惧，还没有减肥尿糖抽脂刮油等富贵症，还过着拿着肉票想挑肥膘肉还得托熟人走后门的光景。我便和刘恒蹲在街道边的人行道上，开始掰馍，我告诉他操作要领，馍块尽量小点儿，汤汁才能浸得透，味道才好。对于外来的朋友，我都会告知这些基本的掰馍要领，然而这需得耐心，尤其是初操此法者，手指别扭，掐也罢掰也罢往往很不熟练。刘恒大约耐着性子掰完了馍，由我交给掌勺的师傅。

我和刘恒就站在街道边上等待。我估计他此前没经过这种吃饭的阵势，此后大概也难得再温习一回，因为这景象后来在古镇灞桥也很快消失了，不是吃午餐的人减少了，而是如雨后春笋般接连开张的私营饭馆分解了食客，单是泡馍馆就有四五家可供食客比对和选择；反倒是那些刚刚扔下镰刀戴上小白帽的乡村少男少女，站在饭馆门口用七成秦腔三成京腔招徕笼络过往的食客。

## 四

几年之后，我有幸得到专业作家的资格，可以自主支配时间，也可以不再坐班上班，自我把握和斟酌一番，便决定撤出古镇灞桥，回归到灞河上游白鹿原下祖居的老屋，吃老婆擀的面条喝她熬烧的苞谷糁子，想吃一碗羊肉泡馍需得等到进城开会办事的机会。

住在乡下，应酬事少了，阅读的时间自然多了，在赠寄的一本杂志上，我发现了刘恒，有一种特别兴奋的感觉。随之又读到了《狗日的粮食》，我有一种抑压不住的心理冲动，一个成熟的禀赋独立的作家跃到中国文坛前沿了。每与本地文学朋友聊起文学动态，便说到《狗日的粮食》，也怀一份庆幸和得意，说到在灞桥街头站着或蹲着招待刘恒的那一碗泡馍，朋友听了不无惊诧和朗笑，玩笑说，你把一个大作家委屈了。我也隐隐感到，便盼着有一天能在西安最知名的百年名店“老孙家泡馍馆”招待一回，挽回小镇站吃的遗憾。这时候不仅公家有了列项的招待款，我个人的稿酬收入也水涨船高了，况且“老孙家”也得了刘华清题写的“天下第一碗”的真笔墨宝，店堂已是冬暖夏凉和细瓷雕花碗的现代化装备了，我在这儿招待过组团的兄弟省作家和单个儿来陕的作家朋友，却遗憾着刘恒。刘恒似乎不大走动，似乎除了一部一部引起不同凡响的作品之外，再没有其他逸事或作品之外的响动。我能获得的信息，都是他的作品所引发的话题。这样，刘恒在中国文坛的姿态，便在我心里形成了，让我无形中形成了敬重，不受年龄的限制。敬重不在年龄。

从一九八〇年夏天初识于我的灞桥，街道边的一顿午餐，成为我们二十多年深刻的记忆。这期间，我和刘恒有两三次相遇，每当见面握手，便说到街头的那顿午餐，一碗牛肉或羊肉泡馍。以我推想，随着经济快速发展，也随着作家腰包的不断填充，大餐小餐中餐西餐乃至豪华宴会，他和我都经历过了。在他，起码我没听见对某一顿大餐的感受；在我，即使吃过什么稀罕饭菜，稀罕过后也就不稀罕了。灞桥街头的这一顿牛羊肉泡馍，之所以让两个人经久不忘，我想在于这情景发生的年代——一九八〇年夏天，中国新的发展契机初露端倪时的一个标志性的年份，第一家私营饭馆在古镇灞桥张扬出来时的特有景观；另一因由在于这碗牛羊肉泡馍，标记着那个年月的我的消费水平，自参加工作十八年第一次涨薪，拿到四十五元月薪了，发表了十多篇小说，累计一千多元的外快稿酬了，可以请本地和外埠的朋友吃一餐泡馍了；还有一点在于，蹲或站在街道上吃泡馍的这两个人，后来都成了有点儿名气的作家，一个在北京，一个还在关中。这似乎才是造成记忆不泯的关键，作家微妙的生活感受；此前此后我陪过老朋友新相识包括乡村亲邻等都吃过，过后统忘记了；唯有作家不会忘记，我记着，刘恒也记着。

这回在北京饭店和刘恒握手，他开口便说起这顿牛羊肉泡馍午餐。笑罢，我突然想到，这顿街边的午餐已成为一种情结，也成为一种警示，在我千万别弄出摆显“贵族”的嗲来，当下这种发“贵族”的嗲气小成气候。那样一来，刘恒可能再不说一九八〇年夏天古镇灞桥的午餐，也不屑于和我握手了。

2006年1月29日　二府庄

# 一个人的声音

似乎真的难以抗拒进入这个年龄区段，便容易对生活世相发生感慨的特点，即使我对这种生理现象时有提防，避免发生常见的那种不由自控的唠叨惹人生厌，仍然还有提防不住的时候。前几日，李星打电话告知他要出文集，当即表示祝贺，完全是出于一种本能的心理反应，又忍不住发生感慨。发自本能的祝贺，是我深知文集这种文体对一个作家和评论家多么重要，可以说是一生追求的归结；然而，这种文体的文本很难畅销，出版社一般都会亏本赔钱的，向来出书难，出一本纯粹文学评论的文集就更难了，才说我的兴奋之情是出于本能。感慨则纯粹发自李星这个和我差不过两岁的同代评论家。

结识李星，完全是文学的缘分；和李星低头不见抬头见，算来竟有三十四五年了，也是文学的纽带牵携着。大约是在“文革”后期的一九七三年，被砸烂的作家协会和被驱散的作家编辑，得了上级新的政策，重新聚拢，挂起了陕西文艺创作研究室的新牌子，把原先在中国文坛颇具声望的文学刊物《延河》，改为《陕西文艺》

重新出版，老作家大多数心存余悸一时进入不了创作，刊物便倚重“工农兵”业余创作爱好者。新时期一拥而上中国文坛的那一批陕西青年作家，绝大多数都是先在《陕西文艺》杂志上练习写作基本功的，我是其中之一。我在《陕西文艺》发表了平生的第一个短篇小说，才有机缘走进位于东木头市的陕西文艺创作研究室的院子，也才有机缘认识李星。李星从中国人民大学毕业刚刚分配到文艺创作研究室，是最年轻的编辑，我却仍然有点儿心怯。这是毫不夸张的真实心态，因了我没有实现的接受高等教育的梦想，对李星这位从名牌大学毕业的同代人，岂止艳羡，早已隐隐着一种怯的心态了。那时候我还在西安东郊一个公社（乡）工作，《陕西文艺》编辑部常召集业余作者开会，便有了和李星接触的机会，感觉他很随和，不是姿态性的随和，而是出自个性里的天然，我的那种怯着的心态渐渐淡释。尤其是得知他来自兴平农村，闲聊中说到乡情和家境，和我多有相似的经历和共同的感受，很自然地涨起亲近感，“名牌大学”的副作用也消失了。几十年过去，几乎是谁都不曾在意更无心留神的匆匆一瞬，他和我相继都“退了”。我至今记得两年前相见的一个细节，他到我的办公室，开口便说刚刚办完退休手续，给我打声招呼。我安慰了他几句，不做惊讶状。然而，送他出门以后，我望着他的背影消失在他即将告别的办公室门里，再回转身坐下去的时候，腿有了软的感觉。我什么文章也看不进去，什么事也不想做，脑子里就连续鸣响着一个声音：李星退了，李星退了，李星……我自然想到我的年龄，也该退了，却又不完全是退，真切地感受到某种伤痛的不堪，岁月竟是如此的急迫和短促。我想起在东木头市陕西文艺创作研究室院子里初识李星时，那一张虽然偏黑却泛着红光的青春脸膛，又浓又密的自生卷发，眼里总是显出一缕与年龄似乎不相称的天真。我后来调到作家协会，和他在一个院子办公，在同一幢楼上起居，真是抬头见低头也见，一天不见似乎就少了点儿什么。眼见着这人的胡须一年比一年浓密，脸孔从青春洋溢到中年明朗再到花甲的平和，头发由黑变灰再变白，似乎觉得自自然然原本也就该这样，没有惊讶没有感慨，甚至连多一分在意也没有。突然就在完全无备的那个上午，他走进我的房子说他办完退休手续了……我才在如同被猛然当胸一击里不知所措，才意识到属于供职年限的最后一个年头走到头了。以往多年，他也是这样随意走进我的办公室，开口便是某某杂志发表了某某某一篇小说，写得不错，你抽空看看；或者是某某评论家在某报上发表了一个新颖观点，并直率无忌表白他赞赏或不敢苟同。他说着文学的时候，是那样的坦诚，说了几十年，都是坦诚不改，我听着也觉得坦诚。今天他却说他办完退休手续了。我独自坐着半天说不出话来。我根本梳理不清几十年来和他说过多少话题的话，文学的和社会世相的，纯粹互相取笑调侃逗乐的或正经认真的不同看法的争辩，过后不记也就统统湮没了，唯有那些事关我视为生命的写作的细节，如刻刀般铸刻在记忆深处，时月愈久愈加显亮。

那是一九九一年春节过后的早春三月，我第一次出门参加太白文艺出版社的一个有关出版计划的座谈会。我天不亮起来骑自行车赶到远郊的一路公交站，搭乘汽车到东城墙外的终点站，再换乘市内公交车赶到出版社的时候，会议已经进行到讨论的议程了。路遥正在发言。路遥的旁边有个空椅子，我便慌不择位赶紧坐下来，爬楼梯和赶路弄得我压抑着喘气。坐在路遥另一边的李星，从路遥背后侧过身来。我明白他要跟我说话，仍然喘着气侧过身子把右耳倾向他的脸。他说，你大概还不知道，路遥获茅盾文学奖了。我说我真的不知道。他说今天早上广播的新闻。未及我做出反应，他辞我而去坐直了身子。我也坐直了身子，等待路遥发言完毕即表示祝贺。我早上起来忙着赶路，没有打开半导体收听新闻，漏了这样重要的喜讯。我刚觉得喘息平定，李星又从路遥背后侧过身来，我再次把右耳凑给他。李星说："你今年再不把长篇小说写完，就从这楼上跳下去……"

按农历说这年（一九九一年）的腊月二十五下午，我写完了《白鹿原》的正式稿，却没有告诉逼我跳楼的李星。春节过后用一个多月的时间，我把《白鹿原》正式稿又顺了一遍。待人民文学出版社的高贤均和洪清波拿走手稿之后，我把一份复印稿送给李星，请他替我把握一下作品的成色。他和高、洪是这部小说最早的三位审阅者。我回到乡下，预想高和洪的审阅意见至少得两个月以上，尽管判活判死令人揪心，却是急不得的事。但李星的个人阅读的意见却要简单得多也快捷得多。截止到这个时候，李星对一部或一篇小说的判断，在我的意识里已经形成一种举足轻重的信赖。我在乡下过着一种看似闲适的轻松日子，心却悬在李星身上。李星会怎么看？能过得李星的法眼吗？且不说李星全盘否定，即使不疼不痒说上几条好处再附加两点不足，我都不敢想象接下来的日子该怎么过。捺着性子等了七八天，我从乡下回到作协家属院，恰好在住宅楼下看到提着一袋菜的李星的背影，便叫住他。我走到他跟前尚未开口，李星倒先说了："到我屋里说。"我看见他说这句话时不仅没有平时的热乎笑脸，反倒黑煞着本来就黑的脸，说罢转身便走。我当即就感到心往下坠，头皮发紧，跟着他从一楼上到五楼。他一言不发，依然黑煞着脸。我的心不再下坠而是慌惶难控了，只有失望透顶到不好言说的阅读，才会摆出这张冷脸来。我跟他上到五楼走进他的家门，已经有了接受批评的几分准备。他把装菜的袋儿放到厨房，领我走进他的书房兼卧室，猛然转过身来，几乎和我撞到一起，依然黑煞着脸，睁圆两只眼睛紧盯着我，声音几乎是失控了："哎呀！咋叫咱把事弄成了！"我一下愣住了，从他转身开口之前的那种紧张到惶恐的情绪里一时转换不过来，发愣又发蒙地站在原地，听着他又重复了那句话，同时击了一下掌。我很快就感到心头发热到浑身发热，却仍然说不出话，也不想说话，只顾听他慷慨激昂随心所欲畅快淋漓地说话。他在小屋子床和墙壁之间的窄道上不停地走动，激动时还跺着脚，说他对《白鹿原》手稿阅读的印象。我也站着，听他尽兴地讲着。

这是我听到的关于《白鹿原》的看法和评价的第一声，是颇具影响的中年评论家李星的声音。他当时踱着步跺着脚说了那么多好话，我现在连一句都想不起来了，只记着他说的“咋叫咱把事弄成了”这句话。我后来曾调侃作为评论家的李星，对《白鹿原》发出的第一声评论，使用的竟然是非评论乃至非文学的语言。正是这句关中民间最常用的口头话语，给我铸成永久的记忆。越到后来，我越是体味到不尽的丰富内韵，他对《白鹿原》的肯定是毫无疑义的，而且超出了他原先的期待里的估计，才有黑煞着脸突然爆发的捶拳跺脚的行为，才有非评论语汇的表述方式；我体味到一种同代人之间弥足珍贵的友谊，他从阅读《白鹿原》感觉到我的创作的进步和突破，不是通常的那种欣喜欣慰，而是一种本能的激情式爆发，那一种真诚和纯情使我终生回嚼；我体味到作为一个评论家对文学的钟情和神圣，显然又不完全是和我的个人友情所包含得了的，在小处说，他期盼陕西新时期起步的这一茬作家能完成新的突破，弄出好作品来。他对路遥获得茅盾文学奖真诚地祝贺，侧过身在路遥背后逼我跳楼，因了我的不进步而发急。他对路遥、贾平凹、邹志安、天芳、晓雷、京夫、王蓬、李凤杰等作家的创作一直关注，写过不少评论文章。他为每一部独出心裁的新作坦诚评点，已经成为这一茬作家共同信赖的朋友。他首先面对的是文学、是作品，为某个作家有突破性的新作品而激情慷慨，却不是因为朋友而胡吹冒评，既可见他对陕西乃至当代中国文学的殷殷之情，也可见他的坦诚与率真，只面对作品说话。

我还是珍惜情感。这个同代人李星和我在一个协会相处几十年，对我的包括《白鹿原》在内的小说写过不少评论文章，恕我年龄进入忘事阶段，竟然记不住一个完整的句子，倒是“你今年再不把长篇小说写完，就从这楼上跳下去”和“咋叫咱把事弄成了”这两句非评论语言的话，几乎一字不差地铸刻在心。事过多年，我现在平心静气想来，我这大半生和李星说过多少话，都忘记了，有这两句就足以在我心头树立一个永不褪色的朋友——李星。再说一句多余的调侃的话，李星哪怕现在骂我什么话，我都不在乎了——在我创作和生命的最重要时段，李星率真诚挚到忘记使用评论语言的这两句话，终生都受用不尽回嚼不尽了。

自从李星电话告知要出文集并约我写文章那一刻起，短暂的兴奋之后便陷入犹豫不定的矛盾心理，是侧重于李星文学评论的贡献和估价，还是偏重于几十年来我所看见的评论家李星，包括个人的友谊和情感，竟一时难以决断难以下笔。后来促使我做出倾向性偏转，既有理性的判断，也受情感的驱使，理性地估价和评说李星对新时期文学尤其是对陕西作家创作发展的强力促进，早已形成超出文学圈的普遍性社会影响，早有公论；李星对我创作的真诚关注和以文学为纽带的友谊，却只有我有直接的感知，我不逮住这个机会表述出来，就可能留下遗憾，于是便发生了这篇文章的倾向性偏转。我回想从认识到相处三十多年的人生历程，共同经历过多少事说过多少话，写一本不薄的书也足够了，于是便筛选，似乎没费多少工夫，李星对我说下的那两句非评论非文学语汇就浮现出来。我便毫不犹豫地做出判断，对新时期以来当代文学和陕西文学说话的人太多了，而对我说出这样精确精彩回嚼不尽的个性语言的，是李星。我把这两句话公之于众，文学圈内和圈外的人，就会看到一个真实生动的李星独秉的胸怀，他的可敬和可爱已不完全局限我一个人了。

前面已牵涉到李星的文学评论在新时期当代文学尤其是对陕西作家创作的重要影响，很难做出一个量化的估价，但有一个基本的事实早已形成，这就是，无论是某位卓有建树业已成名的作家推出新作，还是某位初出茅庐的青年作家出手令人耳目一新的作品，作者本人特别关心李星的评价自不必说，整个儿文学界——作家和评论家，都特别关注李星的评价。换一句生活化的说法，李星对这个作品咋看咋说。尤其是对某一部作品的评价发生较大争议的时候，大家更重视李星的看法和说法，由此可见李星的声音具有怎样的分量；尤其是在非正式场合的民间，形成这种习惯性对李星声音的关注，更可以检测其真实性与可靠性。我很自然地想到，自新时期文艺复兴我开始较频繁地走进陕西作家协会的院子，常会听到朋友包括李星颇带神秘口吻给我传递信息，胡采对某个作家的某篇（部）小说说了什么话……胡采应是陕西文学自一九四九年以来的泰斗，其文学评论的影响远不止陕西。到二十世纪九十年代初，我开始听到文学界朋友之间传递李星对某部作品的说法了，时过近二十年，李星的声音愈来愈被关注，足可见其成色和分量。我倒用李星说给我的那句话，李星也把事弄成了。

我现在说李星这句话时，只有感慨独没有惊讶。我发表第一篇小说时，李星也是刚刚走进陕西文学界，他是以评论的姿态走来的，不过在那时候的陕西评论界，还容不得他这样的“毛娃娃”插嘴多言。新时期文艺复兴伊始，李星的声音和刚刚冒头的一茬青年作家的创作发生共鸣。到二十世纪八十年代中期，李星作为“笔耕文学评论组”的最年轻的评论家，对一些重要作品的评论和看法，已经产生重要影响。就我耳闻，作协院内的几位专业作家，每有自己看重的某个作品出手，先在私下里要听听李星的评说；谁在艺术上探索一种新的尝试，也要听听李星的看法。印象深的是邹志安写作“爱情系列”中篇小说的时候，每发表一篇都送李星，看李星怎么说，然后以其得失调整后来的作品的写作。还有我，《白鹿原》写成，第一个反应，就是想听李星的声音。新时期开始形成的陕西青年作家群的几乎所有作家，都受到李星的关注和关爱，对每一个人的作品都发出过坦率真诚的评说的声音，及至新世纪跃上文坛的更年轻的作家，李星都发出自己的声音，予以评点，业已成为老少作家都不可缺少的一种声音。

李星之所以能发出老少作家都深感魅力的声音，首先在于对一部作品的判断，长处和短处都看得准确，不光在旁观者感觉如此，即使在作者本人也多为折服。只有准确的评说才能服人，也才能建立评论者的威信，久而久之，十年二十年过来，就成为独具魅力的非同凡响的一声了。他的智慧和学养，对各种流派作品的敏锐感受，注定着他独到的审美视角；他以文学为神圣的纯粹性，排除了种种非文学因素的干扰，使他那种独特的审美视角能得到充分展示，这是过去不难当今颇难做好的事。李星声音的威信和魅力，依此而生。

我在本文中记述了李星说给我的两句话，我也记着我说给李星的一句话。那是二十世纪九十年代中期，我读了他写的一篇较为全面的研究王安忆小说创作的文章，竟然很感动，对他说，你该当对中国当代最具影响的作家的创作说话。我是从他评王安忆作品的文章里看到一种力度，才忍不住说出我的感想。我想，具有这样的思想力度和独特艺术视角的人，应该对当代最具影响的作家的作品发出声音，无论对作家本人乃至对当代文学的发展，都会产生积极的促进作用，自然也有施展李星才华和影响的意思。大约过了一些时日，我对这种想法稍做修正，颇为正经地对李星说，你应该对当代中国文学的发展趋势和现状，发表自己的看法和意见。我能感到雷达等评论家，就是面对一个时期的创作现象发表看法的。我完全相信李星具备这样的能力——综合的能力和解析的能力，敏锐的感知和独特的视角，具备这样能力的人，局限在地方一隅太可惜了，应当把他的影响力发挥到整个儿中国文学。李星很赞同我的意见，连续写过几位名家的创作评论，影响日渐扩大，及至进入茅盾文学奖评委，当是一种标志。直到今年夏天，雷达在《光明日报》发表了一篇严肃剖析当今文学创作的文章，我读后深为震撼，私下里却想着，李星也该有这样振聋发聩的文章打出去，深知他有这个实力。

一个兴平乡村的农家子弟，走到陕西和中国文学的前沿，发出任谁都很关注的声音，恕我用他说给我的那句话来归结——

李星把事弄成了。

2008 年 1 月 14 日　二府庄

# 第四辑

# 云游：山一程，水一程

# 追寻貂蝉

米脂的婆姨绥德的汉。

在陕北，婆姨既指妻子，也泛称女性。这民谣说米脂县出美女，绥德县的男子是最俊俏的。至于米脂的婆姨怎么美，美到如何程度，陕北人一般都缺乏耐心具体地为你描述皮肤如何白嫩细腻，脸腮怎样艳若桃花啦；或是根本不屑于用这些惯常的陈词滥调去涂抹他们心目中的米脂婆姨，干脆随口反诘一句：貂蝉什么样？貂蝉就是米脂婆姨！

貂蝉就成为米脂婆姨的象征，令一切男人崇拜，也成为陕北人可资骄傲的一个无可匹敌的象征。

受这样的广泛流传的民谣的诱惑，踏上北去米脂的人，心里便跃跃着一种追寻貂蝉的企盼，企图阅尝米脂婆姨的风姿。记得是十二年前的一个夏天，黄土高原恰逢十年不遇的好年景，雨水充沛，连绵着的漫坡台田和蜿蜒着的河川里，被各种田禾覆盖得密不透风郁郁葱葱，大豆摇铃，稻子扬花，高粱吐红，谷子抽穗，热风挟裹着醉人的五谷气味灌进车窗，文人们一个个都情不自禁，约好到米脂县城先找一个貂蝉看看。

我和一位朋友在县城转了大街又走了背巷，不仅没有看到貂蝉般美丽的女子，连民谣里传诵的漂亮婆姨也未遇见，便对一位坐在廊阶上摇着扇子乘凉的老汉问话：人说你们这儿婆姨好，怎么一个都不见？老汉摇着扇子直冲冲一句：还问哩！都给你们城里人勾引跑了。我一愣，朋友却调侃说，城市对乡村的野蛮“掠夺”，以至貂蝉。

虽然失望，却仍不怀疑民谣有任何伪诈。米脂水好，虽然粗粮布衣，却有好水滋润，所谓一方好水养一方好婆姨；米脂以北历来为边塞驻军之地，戍边的将军谋士的家属家眷，多是女人中的人尖儿，她们遗散民间，既带着优质良种，又兼着杂交取优的强势，百朝千代下来，米脂的婆姨便独秀于黄土高原了。这是陕北人推论米脂婆姨的自然的和历史的两大原因。同行的陕北作家证实，米脂的好婆姨都留不住，有本事的去上学去革命了，本事不强脸腮儿好的都给有本事的男人引走了；搞活了开放了，好婆姨更是像蜂儿搬家一样飞出去了，近的到延安，远的到西安，再远就是北京、深圳。你去饭店宾馆看看，凡是长得像貂蝉的，不用问，准是米脂的婆姨。

十二年后的又一个夏天，我从榆林返回时夜宿米脂，宾馆里的服务员一个个水灵灵的，操着生硬的夹生的普通话。我便可以想到，可能仅仅在三个月顶多半年以前，她们还在田峁上点瓜种豆，浇水除草，放羊喂鸡，一张招工启事就把她们“掠夺”到县城里来了。我的同行的朋友说，这儿的服务员个个赛貂蝉，比大会堂里的漂亮多了。我似乎难以附和，美则美矣，然而具体为貂蝉，似乎又不甘于此。这就是貂蝉吗？

晚上看歌舞团演出。朋友指点说，那个细高挑儿独唱的女孩儿，才是名噪陕北的貂蝉。深圳一家演出团开价多少多少月薪要把她“掠夺”南去，整个儿米脂整个儿榆林地区整个儿陕北高原都骚动起来了，自发自觉开始了保卫挽留小貂蝉的捐款捐资行动，资助经济拮据的歌舞团，一定要把这个好婆姨留下来。“这婆姨走了，我们到哪儿还能听到这么好听的信天游？”这个好小婆姨留下来了。

我被这个生活故事深深地感动了，人人都在追寻自己的貂蝉。

貂蝉的诞生源于民间神话故事，一位在天宫主司百花的牡丹仙子私自下凡，与米脂一个勤劳诚实的后生结为夫妻。女儿出生那天，有一只千娇百媚的银貂蝉蹿进屋院，便取名为貂蝉。这个千篇一律到平庸的神话，有两个不同凡响之处，一是牡丹仙子“采撷百花精英孕育胎儿”，二是牡丹仙子被勒令被绑架回天宫之前，在小院里化出一丛牡丹，并嘱丈夫以牡丹花露养育女儿。这样孕育和成长起来的貂蝉会是怎样的仙骨仙姿呢？任你去想象去创造去追寻吧！你是永远也想象不尽的，你是永远也不可能完成那种创造的，你是永远也追寻不到的。

然而，你却无法中止想象，无法停止创造，更无法断绝追寻的欲望。人对貂蝉的追寻，似乎沟通着喻示着关于美的创造和追求的精神？

1997年12月16日于广东河源

# 贞节带与斗兽场

## ——意大利散记之二

在关中乡村流传的许多“酸黄菜”式的民间笑话里，有一个放心带的故事。说有位商人四季出远门做生意，那时交通工具不发达，顶好顶快也就是轿子马车或单骑骡子，往返很费时日，多则三个月半载，至少也少不了月里四十。他一出门，就把大妻小妾留在家里守活寡，终于听到了大妻状告小妾与用人有不干不净的事情。处置这种辱没门庭的事对商人来说非常简单，辞退一个休掉另一个就是了。然而麻烦接着发生，小妾随之也向商人打上小报告，说大妻与长工有染。商人在恼火万状中反倒醒悟，把大妻小妾都休了可以再娶，把用人长工全部辞退再雇新的人来也不困难，问题在于自己一出远门就旷日持久，再娶的妻妾与新雇的长工用人再发生偷情的事怎么办？于是商人终于苦思冥想出一条万全之策，在他又要出门进行商务活动之前一夜，把两件铁打的放心链子强迫大妻和小妾套锁到下身，然后便放心地出门上路了。

这个商人与小镇铁匠铺的铁匠共同设计锻造的安全带或者叫放心链的东西是个什么形状，传说笑话里很含糊，任何听取这个笑话的人，在痛快淋漓地笑过之后，并不认真去研究那个铁链钢带的实际可行性，笑过也就完了。然而，万万始料不及的事不期而遇，在意大利国家博物馆里，我看到这样一件中国乡村笑话里的钢铁锁链式的带子，名字叫贞节带。

那是一条类似于健美运动员穿的那种简化到只护苦阴部的带子，不过不是任何纺织布料而是坚硬的钢铁。一块一片真正的钢铁连缀成一条腰带，是用来箍绑女人的腰的；同样的钢铁薄片联结成一条带子，一头与前腰的铁带相联结，通过腹部兜住阴部和屁股，再和后腰里箍缠的铁带相扣接。兜着屁股的铁片中间留着一只空心大孔，肯定是设计和制作者为大便通过的悉心设计；而最富于匠心竭尽智慧显示天才的设计，自然是表现在最核心最要害的部位，即对女人生殖器的防卫措施，那儿的铁片同样留着一道孔，无须阐释便可以想到是给小便的出路；那孔是竖立式偏长形状，宽窄的估计和把握也经过精心的算计，即不容许任何男性生殖器通过；最绝的活儿是在偏孔的边沿上，有一圈倒立起来的约二寸长的三角形尖刺，其锋锐的程度有如锥尖锯牙……想想有哪个情种能够对抗这道监守围墙的钢铁蒺藜？设想某个风流种子看到这钢铁蒺藜时会是怎样的猴急猴急？而被扎上这道钢铁蒺藜式的贞节带的女人又是怎样的心理和生理的屈辱与痛苦？

这件匠心独运的钢铁作品挂在意大利国家博物馆的墙上，外面用一只玻璃罩子罩着；如果不是在一个国家级的博物馆里看到这样一件展品，我也许会怀疑是某个恶作剧者的游戏之作，类似于中国乡村民间笑话里的虚拟之物。我在这一刹那突然明白了什么叫欧洲的中世纪；中世纪的全部黑暗和野蛮浓缩具象为这件贞节带，正是中世纪挥舞的旗帜。

据说这件贞节带主要是为罗马帝国的大将军小士官们铸造的。在他们出征另一个民族的前夜，先用这件万无一失的钢铁制品封锁了自己妻子的阴户，然后才放心地扛着盾牌和利矛去进行征服之战。到他们征服了也践踏了一个民族的尊严和家园而凯旋时，在接受国王的嘉奖之后，回到家便掏出钥匙打开妻子腰里贞节带上的锁子。我又陡生疑问，如果某个将军或团长、旅长、营长战死在异国他乡的沙场上了，那么他妻子的这副贞节带恐怕就要箍勒到死而无法解除了，因为唯一的那把钥匙只能由丈夫装在腰里，他死了钥匙也就和腐烂的肌肉一起埋入泥土。腰际和阴部戴着这种钢铁锁链的女人如何睡觉怎么行走？如何日复一日无时无刻不在承受肉体的折磨和心灵的屈辱？漫长的人生之路对她们来说将意味着什么？

我想用相机拍下这件中世纪挥舞过的旗帜，结果被告知说不许拍照。敢于把这么一件怪物堂而皇之展览在国家博物馆里，主办者的勇气和坦率已经令我钦佩，而不许拍照的禁令却让我留下遗憾。我便久久注视这件怪物，我在想到我家乡那个民间笑话的同时，又想起来我刚刚出版的长篇小说里头的一个女人，这个女人惹得某些脸孔一本正经而臀部还残留着“忠”字的当代中国人老大不顺眼。

我在查阅《蓝田县志》时查到了三大本的《贞妇烈女卷》。第一本上全部记录着某村某妇女夫死守节抚养儿子孝顺公婆的千篇一律的事例，第二本第三本里只记载着张王氏李赵氏的代号式的名字，我索然无味便一把推开。推开的一瞬心里突然悸颤了一下，想到多少年来凡是来此查阅县志的人，恐怕没有谁会有耐心读完两大本人物名字，而且不是真实名字，仅仅是两个姓氏合成的代号。我忽然对那些贞妇烈女委屈起来，她们以自己活泼泼的血肉之躯换取了县志上不足三厘米的位置，结果是谁也没有耐心阅读她们。我便一行一行一字一字看下去，如果这些屈死鬼牺牲品幽灵尚在，当会知道在她们死去多少多少年后，终于有一个从来不敢标榜著名的作家向她们行了注目礼……田小娥的形象就在那一刻里产生了。

我们漫长到可资骄傲于任何民族的文明史中，最不文明最见不得人的创造恐怕当属对女人的灵与性的扼杀，我们有称得经典的伦理纲常和为推行这经典而俗化了的《女儿经》，然而我们似乎没有设计制造贞节带的记载。我们有贞节牌，我们有县志上的贞妇烈女卷，我们以奖励为主导方式弘扬那些嫁鸡随鸡嫁狗随狗、鸡狗早夭了还为鸡狗守节守志的女人。南欧的罗马人不如我们含蓄也不懂得以褒奖为主的方法，赤裸裸锻打出来这么一种钢铁家伙去强行封堵。历史证明了我们祖宗的高明和罗马人的简单甚至可以说愚蠢，他们那样招人眼目的锁链不久（对历史而言）就被彻底废除了，而我们祖先行之有效的方法却延续到本世纪之初，比他们的寿命悠久了几个世纪。我所查阅的几个县的县志大都是抗战前编修的，依然堂而皇之不惜工本弘扬着代号们为鸡狗殉道的节和志，即使从“五四”算起也有十几二十年了，依然故我地立贞节牌进登县志……我便有个恶毒的想法，在我们的博物馆里，起码在妇女解放史的专题性展览馆里，应该展出县志上的贞妇烈女卷本，这东西与罗马人的贞节带有异曲同工之妙。

……

此前我曾参观过古罗马斗兽场。这个闻名古今闻名东方西方的斗兽场，在我远远地瞅见它的断垣残壁时竟无任何惊讶与新奇的感觉，对比起来远远不及贞节带对我灵魂的震慑。这原因恐怕在于中学的历史教师。

年轻的历史教员是一位非常优秀的老师，然而他无论如何也无法解决中国历史和世界历史进程中枯燥无趣的纪年或频繁如麻的王朝更迭的事件。一当讲到中世纪的黑暗和野蛮时，对古罗马斗兽场的情景却讲得有声有色，生动得使我几乎忘记了这是在上历史课。野兽从怎样的地下暗道被放逐出来，奴隶又从怎样的地下囚室爬到场地上与野兽搏斗，我听得毛发倒竖惊心动魄，这主要出自幼年时对野兽的恐惧。我们家乡最凶恶残忍的兽类只有狼，而狮子老虎比起狼来又厉害多少倍呀！一个奴隶面对一只饿过多日的狮子老虎直到被撕成碎块连骨带肉吞噬下去的情景，即使最缺乏想象力又缺乏同情心的人也要闭上眼睛。

也许是我上了些年岁，对野兽的残暴多了一些承受力，直到我站在古罗马斗兽场的场地上时，竟然是一种冷寂心境。我很自然地企图印证历史老师的描绘，企图印证小说《斯巴达克斯》的描写和同名电影里的印象，而眼下的一切都面目全非了。圈形的高耸的围墙大部分坍塌，残缺不全，如同一只凶兽牙齿七零八落豁豁牙牙的嘴；场内的看台也大都坍塌了，依然可以看出那个时候国王贵妃和普通看客的尊卑台阶；囚禁奴隶关锁野兽的地下洞穴也塌窑了，兽和人放逐出来的通道壕沟也壅塞不畅了……历史已经把鲜红的血和苦涩的泪风干风化，历史演进中人类的耻辱也被风吹日晒得只余一张空干的破皮了。

我的年轻的历史老师绘声绘色讲述人类历史上最野蛮的这一幕情景时，肯定不会料想到一个背馍上学一日三餐全是开水泡馍的听讲学生，以后会站在真实的斗兽场的废址上印证他生动的讲述。又怎能完全冷寂呢?

当希特勒、墨索里尼和东条英机把整个儿世界变成一个大斗兽场的时候，当我们在某个时期以“文化大革命”的名义鼓动人与假想的敌人搏斗的时候，人类的如斗兽场的发明者的本性在多次重复演练，才是真正令人触目惊心的。

……

贞节带是一种理论和法律的产物，贞节牌同样是一种观念和道德法绳的产物，同样残忍同等野蛮，然而在它们产生的那个时代却同样堂皇，同样神圣，同样合理；斗兽场和希特勒与东条英机同样自信他们的理论和这理论掀起的屠杀奴隶屠杀世界的战争；

“文革”的阶级斗争已无须批判……各个民族生存发展史中留下来的耻辱都钉到耻辱柱上了，然而那钉住的其实只是一张风干了的再无任何蛊惑力量的破皮。

幽灵呢？破皮风干之前原有的幽灵还有没有呢？会不会在某天早晨以一种更具蛊惑力量的装饰，重新向这个世界挥舞贞节带？

1995 年 6 月 28 日于西安雍村

# 伊犁有条渠

到了伊犁，朋友便说林则徐。我的近四十年未见过面的老同学，一见面先说林则徐；新结识的伊犁地区的作家朋友，一松开握着的手便说林则徐；当地的州和县的领导干部给我介绍林则徐；维吾尔族和哈萨克族的朋友同样热烈地对我讲述林则徐。

车子驶过伊犁市郊区漂亮的公路，一条清渠伴着公路在绿杨下流淌，朋友便指给我看，这是林则徐当年流放伊犁时修的，叫湟渠。走进伊犁老街，朋友又指给我看一条小巷，林则徐在伊犁接受朝廷惩罚的两年多时间里，就住在这条小巷里的一院平房内。从乌鲁木齐来伊犁的路上，朋友又说，林则徐一八四二年也是循着这条路走过的。这条路是沿着天山向西伸展的，天山依然是暗褐色的如同生锈的铸铁，山脚下是无边无垠的秀美的草地。在刚刚落成的林则徐纪念馆里，朋友指着一架木头车说，林则徐发配新疆从西安上路时，就坐进了这辆木轮马车，历时四个多月，经过乌鲁木齐再走进伊犁。我便怀着一种崇拜而又好奇的心情绕车观看一圈，只见两个硕大的木制车轮，木板割制的车厢，两根很粗的车辕木。坐着这样的一架木车历经四个多月的行程，尽可以让人随意去想象旅途的种种艰辛了。

在伊犁，林则徐留下了一道永不磨损的光环。把他弄到这里来的道光皇帝原有目的是出于惩罚的羞辱，没想到的是，这却使被惩罚者的精神人格获得了不朽，这常常成为古今中外的一个历史法则，尤其是漫长的封建专制的中国以及相对短暂的人妖颠倒的“文化大革命”时期，往往被惩罚者最后胜利，成为历史不损的光环，而惩罚者自己却最终接受了历史的羞辱。

我在杨树和柳树列岸的湟渠边徘徊。湟渠的水是泛着乳白色的清流。这水的颜色不同于北方的河的水色，也不同于南方的江的水色，更相异于海水的颜色。这水来自天山，是天山积雪融化而成的天上之水，伊犁河便是汇聚这雪山之水而独具色彩的河流。伊犁河从中国的伊犁流到哈萨克斯坦国那边去了。湟渠之水是林则徐率众从伊犁河截流引来的。

这水从一八四四年引流成功到现在，流过一百五十余年，依然充沛而又欢畅地流着，流进号称塞外江南的伊犁的田地和果园，流进农舍的水缸和牧民的饮马槽，一百五十余年以来就这样滋润着这块美丽的土地和多姿多彩的各民族子孙。我企图揣度一个戴罪受罚遭羞辱的人，以怎样的气魄和襟怀在山地与沙滩上亲自踏勘出百余公里水渠的大略走向和具体定位来；一个年过半百的老人，又以怎样的勇气和耐心亲自组织调度汉、维吾尔、哈萨克和锡伯等民族的人民，去开凿修建伊犁地区最宽最长的这条渠。是什么东西铸就林则徐强大的心理力量，踏倒了加给他的惩罚、羞辱，克服了半百之躯的衰老，依然故我地在流放之地实施这项惠佑民众的水利工程？当他在漠风透骨的边陲踏勘和奔走的时候，想没想过那个把他发配到这里来的皇帝在干什么，以及用巧舌和唾液把他喷吐得满脸腥臊的穆彰阿、琦善之流此刻又在干什么呢？

我们绵延两千余年的封建历史，无论正史抑或野史，最生动的篇章，其实就是忠臣的热血和奸党的口水。尘封冷寂的历史摆在书架上，却仍然无情仍然冷峻：造成一个王朝兴与衰、存或亡的决定性因素，不仅是忠臣义士的热血，更是奸党的口水。口水往往胜过热血，这是漫长的封建历史过程中各家王朝不断重复的悲剧，是不争的史实。但到清家道光帝这一次重演，口水战胜热血就有点儿不同了。因为这不只是清家王朝的兴衰与死亡的事了。面对英帝国的蛮横侵略，奸党们的口水不单是吐到林则徐的脸上，而是吐到整个儿中华民族的脸上；奸党们的口水摧折的不单是林则徐的一顶花翎，而是整个儿民族的脊梁。我们在中国最后一个封建王朝的衰败和灭亡过程中，看到了一场也许是最生动最惊心动魄的口水战胜热血的悲剧。它给我们的最不可接受的心理刺激或者说历史教训是，摧毁一个国家和民族的尊严的不仅是侵略者的坚船利炮，居然还是更具内腐蚀力的口水。几个奸党的口水所喷吐出来的条约，使整个儿民族蒙羞受辱了一个世纪。及至今天我站在林则徐的湟渠沿上，似乎还能嗅到那口水的腥臭气味。

我终于来到湟渠的渠首。

湟渠进水的渠首工程修建在东巴扎尔。

东巴扎尔是一个小镇，由三条质地良好的沥青铺设的公路组成一个标准的三岔口，高级轿车、大型货车、长途客车和手扶拖拉机在三股道上穿梭，这样偏远的小镇使人感觉不到荒僻，显现着一种蜕皮图新的气氛。小镇对面是一道砂石堆积的荒坡，有两股道路便绕着那荒坡左右延伸。站在小镇一家小饭店的店门旁朝下望去，便是湟渠渠首的建筑。

那是一条绿色的河川。伊犁河的主要支流之一的喀什河，紧紧贴着东巴扎尔小镇的脚流向远处。河水自然是乳白色的天山雪水，河床不宽，水量充沛，有异于旱季里所有北方河流的干滩景象。河的两岸是丛生的柳树组成的婆娑的林带。湟渠从这里破开喀什河的河岸，把天山之水引进百余公里的人工修凿的大渠，这水便不再自然地流失，而变得无价了。这湟渠紧紧贴着东巴扎尔小镇的崖坡，和喀什河并排比肩流过一段距离便分手了，流向伊犁腹地，就在千村万舍的门楼下和葡萄园里喧闹。我站在山坡上久久眺望那远去的喀什河和烟柳婆娑的绿波，久久眺望那相伴着的湟渠和同样被烟柳荫护着的渠水在视野消失。

我和朋友在东巴扎尔镇的小饭店就餐，是一大碗用羊肉汤和西红柿烩煮的揪面片，这是我在新疆的首选食品，甚至超过了手抓羊肉。小饭店是一个维吾尔族青年开的，门面不大，小老板的肚子却够大的。他是炉头，主勺，炒菜烩面十分熟练，上唇的一绺黑色胡须浪漫自信。揪面片的是两个更年轻的维吾尔族小伙子，在案板上揉面搓面，往锅里一边揪着面片，一边说着生硬的普通话，神情却透着调皮，透着这个民族素常的幽默。只有唯一的一个女孩儿是腼腆的，黄色卷曲的头发，眼睛是淡蓝的，尤其是那翘起的鼻尖，秀丽又可爱。

我吃着揪面片，在露天的东巴扎尔小镇上，歪过头就可以瞅见坡坎下的喀什河和湟渠渠首建筑。这个渠首工程是林则徐亲自督建的，据说安排在渠首工程的民工是清一色的锡伯族人。我现在就餐的这个三岔口小镇，当年是否为锡伯族人安营扎寨的场地，不得考证。然而这小镇上肯定叠加着林则徐的脚印，因为这小镇是观察喀什河流向和湟渠走向的最佳方位……许多年以前，自从我在中学历史课本上知道了那一场鸦片战争，也就记住了一个叫作林则徐的中国人。许多年以后，我在西部边陲伊犁的东巴扎尔小镇上，寻觅这个人的足迹，发着英雄的血和奸党的口水的慨叹。

东巴扎尔。三岔口。塞外荒漠上的东巴扎尔，系结在喀什河上的一个小镇，留给我一个鲜活的历史记忆。

1998 年 11 月 6 日于蒲城

# 鲁镇记行

## 百草园的月色

从上海到绍兴，经过八九个钟头的长途旅行，傍晚到达。安顿了下榻的处所，匆匆吃罢晚饭，赶到鲁迅先生的故园去观瞻，天色已经完全黑下来了。

一条宽阔的水泥铺就的街道，两排树荫浓密的法桐，这是“鲁迅路”，以先生名字命名的街道，路灯的亮光和两边大小铺栈窗户的灯光交相辉映。

一方黑色的木板门，已经关死，没有门楼，似乎也没有什么装饰，仅仅就是在砖墙上安着这样一方黑色的木板门，这就是鲁迅先生世代的故居了。中国现代的思想和艺术的巨人，就在这窄窄的门洞里面诞生。

宅院狭窄，颇深，门房，过庭，天井，先生住屋，鲁母住屋，再后边是闰土父亲在鲁家帮工时的住屋，屋里有一个捣米的石臼。

后院里，就是那个被先生浓墨重彩描绘过的百草园了。

灰蓝色的天幕下，有一弯细细的金钩似的月亮，洒下一片朦胧的月光。一株高大的树干，浓密的叶枝，辨不清是“高大的皂荚树”还是缀满“紫红桑葚”的桑树。草园里的花草，也辨不清哪儿是“碧绿的菜畦”，哪儿有“何首乌藤和木莲藤缠络着”的情态，更难以摘食“覆盆子”“又酸又甜”的“像小珊瑚珠”一样的果实了。

月色朦胧。我们这一帮从南方和北方聚拢到一起的先生的学生，现在都散立在月色朦胧的百草园里的草地上，听一位据说是鲁（周）家同族后裔的中年人，介绍这幢故园的今昔。他说一口绍兴的地方话，真是叫北方人大惑莫解，几乎一个字也听不懂。朦朦胧胧的夜空，朦朦胧胧的百草园，朦朦胧胧的树，朦朦胧胧的花、草，朦朦胧胧的鲁镇的地方语言……

既然听不懂，我索性不听了，一个人到园子里去转悠。我心里似乎并不迫切要求听到介绍的话，只是想到这儿来走一走，看一看，站那么一会儿，有一次心理感受就满足了。是啊，百草园，我早就熟悉了，早就背熟了《从百草园到三味书屋》的散文，也就熟知这儿的一切了。“鸣蝉在树叶里长吟，肥胖的黄蜂伏在菜花上。轻捷的叫天子（云雀）忽然从草间直窜向云霄里去了。”在我心中印下的这幅动人的百草园的图画，掐指已近三十年了，今天晚上才得以漫步其境了。

时值初夏，夜气温爽，听不到蝉鸣，也听不见蟋蟀的叫声。我漫步在草地上，自然地记起学习这篇课文时的情景。语文老师是一位刚从大学中文系毕业的青年，热情极高，甘肃人，一口南腔北调的普通话，却把课文朗诵得十分动人……我一边听着老师领读，脑子里却展开另一幅图画：刚刚收割过麦子的南坡上，田块层叠的坡地上，麦茬闪闪发亮，塄坎上和坟丘里，野蔷薇红的和白的花开得一片灿烂，野葡萄藤蔓一直攀缘到枸树梢上去，酸枣棵子是山坡上最大的家族，那翡翠般的绿色或紫色的蚂蚱，总是藏躲在酸枣棵子最稠密的枝杈里。我和小伙伴们，头顶艳阳，脚踩枣刺，整晌整晌地捕捉那可爱的生灵，忘了吃饭，忘了时辰，直到渴得舌头搅不动，头上无汗可流，也顾不得到沟底去喝一口泉水……我从来没有想到过这些生活如此富于意趣。而当我从乡野跑到城市，坐在高楼明亮的教室里，听陇音普通话朗诵《从百草园到三味书屋》的时候，才一下子戳开了记忆的窗户，唤起对我的百草园——黄土高原之中的南坡——无限丰富有趣的依恋。

读先生的这篇课文的时候，尚在我的少年时期，人生的那个充满幼稚心理的时期，是极易与这篇文章的感情相吻合的。当我漫步在向往了近三十年的百草园中时，已经是个顶透而须密的中年人了，而心境却一下子回返到了童年……

哦！我的向往中的南国的先生的百草园！

哦！我的遥远的北方家乡的黄土高原之中的南坡……

## 在“咸亨酒店”

上午游览了东湖，下午又要到王羲之作《兰亭序》的地方去，明天一早就要返回上海了；东湖的山光水色令人赏心悦目，兰亭的幽雅景致也叫人神往。可是，没有到孔乙己曾经喝酒吃茴香豆的“咸亨酒店”光顾一番，怎么能算真正到过鲁镇呢？

午休时间，几位朋友相邀，正中下怀，虽然已觉腿酸眼困，仍然兴致勃勃地走出住所的大门了。

一块金字黑匾，老远就赫然入眼，上书：咸亨酒店。平房，黑色小瓦，坐落在街道旁边，夹挤在高高低低的楼房中间，自有一副古香古色的神采。门面宽约三四间，木门板全部拔除，整个儿酒店就完全无遮无挡地当街敞开着。依然保持着“鲁镇的酒店格局”，“当街一个曲尺形的大柜台”。那木板制的曲尺形的大柜台，油漆斑驳，木棱也已磨光，探过头去，可以看见赭红色的酒坛。我把钱递上去了。

卖酒的是一位中年女人，穿着白大褂，使人觉得有失鲁镇的格局，与那曲尺形的柜台也不协调。她用一只提斗从酒坛里提上酒来，倒入酒杯，黄酒其实是暗红色的液体。这杯子更古朴，用洋铁皮焊接而成，大到可以盛一斤酒，上端粗，下端细，状如漏斗。据说冬天喝酒时，可以把细端塞进热水里，用以温酒。鲁镇的长衫阶层或短衣帮，当年就是用这样的酒杯，孔乙己自然也用这洋铁皮酒杯。

茴香豆也不能不尝一尝。不尝一尝孔乙己津津乐道的茴香豆，也许不算真正地进过“咸亨酒店”呢！

“不多不多！多乎哉？不多也。”

我们刚刚在长条桌边落座，不知谁在拖长声调模仿着孔乙己的名言，摇头晃脑说起来了。木条桌长到丈余，从门口直通到墙根，实际应该算是木案子了。一切遵循孔乙己的习惯，他是穿长衫阶层中唯一站着喝酒的人，于是我们也都站着；他大约用手指捏茴香豆，于是我们也免去了筷子。那用精米酿成的名曰“加饭”的黄酒，说不准是一股怎样的滋味，既不似白酒那么烈，也没有葡萄酒那么甜，说不上好喝或不好喝，唯其因为孔乙己十分喜好，我拼着将那一杯全然灌下了。那茴香豆也没有多少特色，唯其因为孔乙己喜欢，我们嚼起来，似乎别具兴味。

酒店墙上，有一副裱饰过的题词、一副对联，题词曰：

上大人孔乙己高朋满座

化三千七十士玉壶生春

对联曰：

小店名气大

老酒醉人多

看看题款，竟是著名作家李准献词，著名表演艺术家于是之手书。对联极致幽默的韵味，笔墨亦遒劲潇洒，使古朴的“咸亨酒店”平添了一丝风韵。

孔乙己确实是高朋满座了。小小的酒店里，现在拥拥挤挤坐着的酒客，大都是从南方或北方来到鲁镇而落脚此店的。有穿着西装革履的学者风度的男女；也有一身正统的中山装的很有派头的干部，很难料定他们之中绝对没有县委书记或市委的部长；更有一帮一伙长发披肩紧绷牛仔裤的青年男女，一律坐着或站着喝着装在洋铁皮酒杯里的“加饭”酒，抓着茴香豆，笑语喧哗……一九四九年以后，自打先生的《孔乙己》收入中学语文课本，每一个受过中等教育的新中国的一代又一代青年，不管其是否特别喜欢文学，大约没有谁会忘却孔乙己的。

孔乙己不属英雄之列，而实实在在是一个被挤扁被碾轧为尘末的迂腐的老夫子；那些主宰鲁镇风云的鲁四老爷之流早该化为污泥了，而独有上大人孔乙己获得了川流不息的朝拜者，真是得其所哉！

1984年7月8日

# 在乌镇

车溪河紧紧贴着两岸人家的墙根流淌。这一岸的正门，隔河对着那一岸的后门和后窗。河不宽，水量却充沛，人是无法涉水而过的，就有好多座拱起来的桥，把车溪河两岸的人家连接起来。这条河让我联想到人体的主动脉，镶嵌在这个古老镇子的躯体之中，无声无响地涌动着，也滋润着这一方古镇，竟然有一千余年了。

一千余年的古镇或村寨，无论在中国的南方或北方，其实都不会引起太多的惊奇，就我生活的渭河平原，许多村庄的历史可以追溯到公元纪年之前，推想南方也是如此，这个民族繁衍生息的历史太悠久了。我从遥远的关中赶到这里来，显然不是纯粹观光一个江南古镇的风情，而是因为中国现代文学的开拓者奠基者之一的茅盾先生，出生并成长在这里。这个镇叫乌镇。乌镇的茅盾和茅盾的乌镇，就一样萦绕于我的情感世界，几十年了。

我和朋友们先乘那种古老的小木船游了一通车溪河。船的尾部设一支既能划水又能导向的木桨。木桨用一颗圆头铜钉固定在后帮上，在摇船人的手中十分灵便自如地翻摆着。正门对着河的那一排人家，大多保持着原有的古色古气的门楼，偶有几幅新式装潢的门面。对岸的那一排房屋，是十分随意因地制宜的后门和后窗，呈现着所有作为后部的凌乱与驳杂。从那些尚未关死的后门和后窗里，可以窥见室内墙壁的饰物，可以瞥见围着桌子把玩麻将的老头老太太，平静而又悠闲，似乎古老乌镇的老头老太就应该是这个样子。我无法想象少年茅盾玩戏在这条河边时的景象是什么样子。

游览在车溪河上，我的思绪里便时隐时浮着先生和他的作品。周六下午放学回家的路，我总是选择沿着灞河而上的宽阔的河堤，这儿连骑自行车的人也难碰到，可以放心地边走边读了。我在那一段时日里集中阅读茅盾，《子夜》《蚀》《腐蚀》《多角关系》以及《林家铺子》等中短篇小说。那时候正处于“三年困难”时期，教育主管部门在中学取消体育课的同时，也取消晚自习和各学科的作业，目的很单纯，保存学生因食物缺乏而有限的热量，说白了就是保命。我因此而获得了阅读小说的最好机遇。我已记不清因由和缘起，竟然在这段时日里把茅盾先生所出版的作品几乎全部通读了。躺在集体宿舍里读，隐蔽在灞河柳荫下读，周六回家沿着河堤一路读过去，作为一个偏爱着文学的中学生，没有任何企图去研究评价，浑然的感觉却是经久不泯的钦敬。四十余年后，我终于走到诞生这位巨匠的南方古镇来了，这镇叫乌镇。未进乌镇主街之前在车溪河的泛舟，恰如无意排定的如水般的思绪的酝酿和沉浮。

从车溪河的一座宽敞的石拱桥上过去，才进入乌镇，头一条东西走向的街巷叫观前街。茅盾故居就在这条街巷里。街巷石条铺地，洁净清爽。两边或高或矮或宽敞或窄狭的门面，挤挤挨挨不留间隙。令我感到奇异的是，所有面向街巷建筑的前檐的墙壁，几乎一律是用松木板镶嵌而成，而且一律不刷油漆，不涂饰料，不做装潢，裸露着松木木板的原本颜色，一圈一圈木纹丝路乃至一个个或大或小的树旋儿都清晰可辨。墙是木板墙，门是木板门，窗是可装可卸的木板窗扇。站在街巷里往前看去，尽是略为陈旧的米黄色木板壁垒，油然而生思古的朴拙。我便惊奇，这样原封不变的整个儿一个镇子的建筑如何保存得下来，五十多年来频仍的运动的劫难何以逃躲？

茅盾故居坐北朝南，宽大的门面，高耸的屋脊，当是观前街上最气派的宅院之一。四开间砖木结构的楼房分为东西两院，都有前屋和后楼，中间是庭院。东院购置建造在先，称为老屋，后建的西院顺理成章被称为新屋。东西两院之间有一道隔墙，下有门道，上有楼梯沟通。在窄窄巴巴的小铺店小门面构成的建筑群里，茅盾故居就显示出大家富户的气派，即使今天我站在作为纪念馆的庭院里，依然能感受到当年家业兴旺的气象。

这个宅院的创业者和奠基者是茅盾的曾祖父。原也是乡村小户穷家的农民，却经商有道，在汉口发了财，便嘱茅盾的祖父在乌镇置地造屋，先东院后西院，遂成这幢完整气派的建筑。我在这里看到茅盾落生的那间屋子，倒也没有什么特殊的感觉，天才落生在任何一间屋子都是合宜的，也无关紧要。我更感兴趣的是那间家塾，内有三张至今仍油光锃亮的小方桌。茅盾就是在这间屋子的某一张桌子上铺开纸笔和书本的，一位中国新文学的大师开始了启蒙。他的老师是他的祖父沈砚耕和父亲沈永锡。家业富足以后首先就让子孙读书，是这个民族亘古不变的传统，南方是这样，我生活的关中也是这样。只有揭不开锅交不出学费和买不起笔墨纸砚，才忍心让孩子失学。茅盾的祖父和父亲在教着五岁的茅盾开始念书写字的时候，寄望自然是深厚至殷的。我想他们肯定没有料及这个在他们膝下一句一句背诵一笔一画练习着毛笔字的后人，后来会成为一个写作新小说的作家。

老屋后楼下层的一间作为客厅，茅盾的祖母曾在这间屋子里养蚕。据说少年茅盾曾参与搭手和祖母一起干。由此自然联想到我曾经在中学课本上学过的《春蚕》，文中那个因养蚕而破产的老通宝的痛苦脸色，至今依然存储在心底。我却顿然意识到养蚕专业户老通宝的破灭和绝望，茅盾在自家的深宅大院里是难能体验感受得到的。他少年时期的生活和读书，得益于这个宅院的创业者；他后来作为一个新文学的作家，眼睛和心灵却又投注到如曾祖父踏上商道之前的无以计数的日趋凋敝的老通宝们的茅屋小院里去了。于今想起在中学课堂上学习《春蚕》时的感觉，竟然没有因为老通宝是一个南方的蚕农而陌生而隔膜，与我生活的关中地区的粮农棉农菜农在那个年代的遭际也没有什么不同。这种感觉对我一直影响到现在，不大关注一方地域的小文化色彩。一个儒家学说，在同一个历史进程中颠簸着的同一个民族，要寻找心理秩序和心理结构的本质性差异，是难得结果的。

从故居出来，站在观前街上，再回头观瞻这幢宅院，脑海里倏忽跳出了破旧的蛋壳，曾经诞生过一只公鸡的蛋壳。追寻这只蛋壳为什么会生出这样一只伟大的公鸡是没有答案的，其意义也几近于无。于这只公鸡来说，那对于黎明近乎本能的呼唤啼叫，才是中国南方也是北方无以计数的老通宝们的期待……

2002 年 11 月 4 日于原下

# 威海三章

## “天尽头”的咒符

朋友说，你到了威海，应该去领略一下“天尽头”的风光。随之又附加一句警告，如果你不怕丢官的话。

这种警告自然纯属调侃和玩笑，谁也不会上心不会在乎的。于是便踊跃着来到天的尽头了。

天尽头，其实应该是陆地的尽头，是陆地伸进黄海最远的那一块巨礁，是中国版图上属于山东省辖的海岸线伸入海域最东端的那个“尖儿”。我现在就站在这个号称“天尽头”的“尖儿”上，真有一种走到尽头的感觉了。满眼都是涌动着的灰黄色的波浪，波涌迭起的浪堆掀起雪白的水花，骤起骤散，骤散又骤起，一刻也不停歇。风是平和的，海浪和波涌便呈现着宽容和优柔。

终生都生活在内陆西安的我，每一次面对大海，襟怀里感知浩渺阔远的无与伦比的气象的同时，总是潜伏着一缕不知所措的茫然。大海对我来说太陌生了。第一次看见大海是陌生的，第十次看见大海仍然是陌生的。二十年前在青岛第一次看见大海，不必说是新鲜而又陌生的；又一次在西西里岛上看见的几乎是黑色的地中海仍然是陌生的；在珠海，在台湾海峡的这边和那边，面对苍茫海天的陌生和新鲜，以及潜伏在深处的那一缕不知所措的茫然……毫无办法，海距离我太远了。

其实，我每一次站在海边的礁石上，都产生过走到天尽头了的感觉。其实，海岸上的任何一块礁石都是陆地的尽头。然而只有这里独占着天尽头的命名，而且起码有两千多年悠久的历史，却恰恰是因为民间俗成的一个恶谥或咒符。

恶谥或咒符来自千古一帝秦始皇。始皇帝一统天下，东巡到此，心情自然是好到不能再好的程度了，已经走到天的尽头了，就在这里筑造大桥以延伸视线，观赏日之出海。在《秦桥遗迹》的碑石上，刻着摘自《三齐略记》的一节文字：始皇造桥观日，海神为之驱石竖柱。始皇感其惠求见。神曰：“我丑，莫图我形当与帝会。”帝始入海四十里，与神见，左右有巧者，潜画其像。神怒曰：“帝负约，可速去。”始皇转马前脚才立，后脚遂崩，仅得登岸。这个神话故事虽然也称得神奇与美妙，却毕竟只是一个传说的神话，类似的神话在中国的所有历史或地理的风景点上都被津津乐道着，没有人认真地刨根问底的。因为所有神话和传说都无法推敲其合理性，更谈不上事实的考证了。这个传说里的那个巧者的形象颇耐人回味，自以为偷偷摸摸的行为可以掩人耳目，却忘记了是在无所不察的海神的眼下，搞这样的小动作只是弄巧成拙，坏了始皇帝的好事。

始皇帝从天尽头返回秦都咸阳时，暴病死在路上。这个天尽头从此便蒙上了一层黑色的恶谥、不祥的咒符，已经走到天的尽头了，已再无路了。据说许多历史上的官人多避讳此地，宁可不图一时观海之眼福，也不想让恶谥咒符在心里罩上一道阴影。

真是有点儿底虚过甚了。

## 街心的碑

到威海的当天晚上，出去观赏这个海滨城市的夜景。走到一个三股车道交叉的三角地带，有一小块街心草坪，时值五月，青草正绿，茸茸可爱。草坪里散落着一株株枝干苍劲却不高耸的松树，错落有致，枝叶参差出一抹绿色的流云。草地中间竖立着一块玉石三棱碑，看了碑文才知是收回威海卫纪念碑。街道上灯光朦胧，碑文有多处被风雨侵蚀变得模糊的字句，读来十分吃力，便只好放弃阅览。

隔日下午，得了闲空儿，心中仍念念着那块碑上的文字，不堪留下遗憾，就专意奔着这块三棱碑来了。

碑文有如下内容——

“甲午战败，俄租旅大，法租广州湾，英人藉口均势，于民国纪元前十三年七月一日即光绪二十四年五月十三日租借威海全湾十英里以内之地，及湾内各岛，并规定于必要时可利用威海及后山一千五百平方英里为军事上之设备。民国八年巴黎会议，我国山东问题交涉失败，威海收回几成绝望……”

“（民国）十九年四月十八日，经国民政府外交部长王正廷与英使兰普森几经周折，正式签订收回威海专约二十条，协定六条。”“于同年十月一日正式收回，前后租期共三十二年有二月。”

我从碑文里摘记的这一部分内容所概括的那一段历史中的耻辱，早在中学的历史课本中领受过了；对国家和民族的耻辱的心理承受能力，从识字伊始直到现在，终生都在进行着这种磨炼。然而，我还是在这个碑石下无法不心动，想来大约是这样几处触及我的敏感和易痛之处——

历史教科书毕竟是文字，我站在被租借过的威海卫的街心和收回威海卫的纪念碑下的感觉，是教科书上的文字阅读无法产生的。历史的耻辱就浸润在我脚下的土地里，青草和松树就是从耻辱浸润过的泥土里蓬勃起来的。

这篇碑文有几句话尤使人感到刺激，之一便是“英人藉口均势”。这个“均势”的最本质最龌龊的含义便是，从一头被宰割分食的牛身上，英人抢到手的肉还不够多，还不“均”，于是便提出再“补贴”上威海卫这一块。我现在更贴切地理解了中国的一句成语“弱肉强食”，真是语言中的经典。我又想了，进入现代文明国家的英人、俄人和法人，仅仅在百余年前，还是争相宰割中国人的起码不大“文明”的人，为宰割分赃而喊着争着的“均势”，任何文明的遮羞布都是无济于强盗的原形的；今天的文明只说明今天，同样抹不掉遮不住他们祖先的野蛮。这样，羞耻应该是双重的——

我们承受的是被宰割的历史的耻辱。

他们承受的是宰割别人的耻辱的历史。

这个碑石立在这里，昭示的应该是这样的意蕴。

## 哦！刘公岛

站在威海的海岸上，刘公岛就横在眼前，避绕不过，不是因为岛子太大，恰是因为距离太近。小小的一个岛。

登刘公岛时，有白色的雾笼罩着海。

赴刘公岛的船上，湿溜溜的雾气拂面而过，海面变得迷茫混沌，心里也是难以理清的复杂，既有参观一个陌生岛屿的稀奇与新鲜，又潜伏着挥之不去的悲伤与苍凉，又兼蓄着凭吊千古英魂的虔诚与神圣。这个小小的刘公岛，该当是中国海疆里知名度最高的一个岛了，不是它的风景风光风水的奇巧或神秘，恰恰是它蒙受的耻辱。中日甲午战争就发生在这里。这个小小的刘公岛，替代一个国家和民族首当其冲遭遇了凌辱与羞耻，也替代一个国家和民族记录下中国第一代水兵将士喋血的庄严与凛然。

我登上刘公岛的诸种复杂心理中的最强烈的一点，还是准备接受历史的耻辱的洗礼。那生铁铸成的粗可搂抱的炮筒，曾经发射过抗御倭寇侵略的炮弹，现在供游人抚摸。那座指挥北洋水师的提督衙门，现在成为游客温习耻辱和心祭忠烈的祭坛，提督丁汝昌就自杀在他的这个衙门里。那一枚鱼雷是从德国进口的，应该是当年最顶尖级的武器了，躺在这里让后来的我们叹惋。

我更铭记住了一个历史性的细节。“致远”舰管带邓世昌为掩护旗舰“定远”号开足马力直撞日军旗舰“吉野”号，被敌炮击中要害，锅炉爆炸，顷刻沉没。这个悲壮的过程在电影《甲午风云》里得到充分表现，然而关于邓世昌的一个细节却被舍弃了。邓世昌坠海后，侍从泅水将救生圈送来，邓世昌拒绝救护，自沉自杀。他的爱犬随之凫水来到身边，用嘴叼着邓世昌的发辫，救他浮出水面。邓世昌将爱犬按入水中，一起沉入大海。这是怎样超乎艺术想象的一个生活细节，一个铸成历史悲剧的生活细节！

中国第一支水军在甲午海战中全军覆没，除了历史和军事学家总结的种种败因与教训之外，有两个事实值得后人反复咀嚼：一是当时的北洋水师的总军力排亚洲第一世界第四，舰艇总吨位达四万吨，“二十五艘舰艇齐泊于刘公岛前，舳舻相接，旌旗蔽空，盛极一时”。然而战争的结局是全军覆没。二是所有舰艇的将士，不仅没有逃跑投降的，且一个个都是战死，或是自杀，直至提督丁汝昌。应该说，从纯粹的军人的素质和牺牲精神来说，也应该是第一流的军人，然而依然挽救不了战争的败局。

丁汝昌、邓世昌们代表一个国家和民族抗击另一个国家的侵略与征服。然而他们撑不起一个腐朽王朝的腐败乃至溃烂的肌体。活着也承受不了失败的耻辱。无论从一个军人，还是从一个民族的精神来看，他们接受后人的崇拜，都是这个民族脊梁里永远不可缺失的钙。

温习耻辱，铭记耻辱，不在复仇。无论战犯认罪也好，不认罪也罢；忏悔也罢，不忏悔也罢；首先是我们自己该当图强。

哦！刘公岛。心中难言的隐痛之岛。

2000 年 7 月

# 骆驼刺

## ——车过柴达木之一

列车是在沉沉夜幕中进入柴达木的。我浑然不察不觉，已经置身于地理课本上用沙点标示着的这片大戈壁了。

早晨起来，睁开眼睛就感受到裹入柴达木巨大的无边无沿的苍茫与苍凉之中了。无论把眼光投向哪里，火车刚刚驶过的来处和正在奔去的前方，车轮下路轨所枕伏的一绺直到目力所及的远处，灰青色的灰白色的沙砾无穷无尽。沙漠的颜色变化着，一会儿是望不透的青灰色，一会儿又转换成灰白色的了，无论怎么变换，依然是构成主旋律的单调。在感受宽阔、浩瀚、博大、雄奇的深层，柴达木投射给人心理的苍茫和苍凉同样是切实的。偌大的火车在柴达木的腹地上奔驰，恰如一只节状的油蜈蚣在缓缓地蠕动，总是让人产生没有指望走出的疑虑……

生命在这里呈现出异常简单的景象。整个儿世界简单到只剩下一种两种绿色植物，骆驼刺和芨芨草。一株一株的骆驼刺，形似球状，零零散散撒落在沙砾上，没有簇聚，单株单个儿，据地自生。看不到印象中的森林和草地上那种或互相拥挤互相缠绕的复杂，或勾肩搭背倚杆爬高的姿势，或交头接耳唾沫相溅的喧哗。干旱和寒冷的严酷，使一切绿色生命望而却步，只有骆驼刺以最简单的形式生存下来，形成柴达木的唯一点缀。

骆驼刺，短而又细的枝，针状的叶，无媚无娇，仅仅是一个绿色的生命体。骆驼刺，开一种细小到几乎看不出的花，和孕育它的沙地一样的颜色，也应是花中最不起眼的色彩了。然而它的功能却与任何花毫不逊色，授粉，结籽，在沉静的等待中迎接雨水，便发芽了。

远处是昆仑山，寸绿不见，如铁打钢铸似的摆成一道屏障。白如棉絮的云团，在或高耸或低缓的峰巅和峰谷间缠绵。

一条泥浆似的河出现了。名曰饮马河，再恰切不过的好名字，却使人感到徒具虚名。赭红色的水，几乎看不见流动，细小到无法与河的概念联系起来，充其量只算得小河沟罢了。然而毕竟有水，便是理直气壮的河了。有水，不管赭红色也罢，浑如泥浆也罢，就能孕育繁衍出绿色的生命，各色水草，就围绕着水的走向蓬勃起来，蜿蜒出荒漠戈壁上一道惹人眼热的绿色。自然，拥挤和缠绕、簇聚和绣集、勾肩搭背和攀爬倚仗便如任何草地一样发生了，不可避免地形成了。然而，在苍茫而又苍凉的柴达木，饮马河毕竟流出来这一缕生动和一缕活泼，一缕让人遏制不住想要拥抱的俗世绿色。

毕竟使人难忘的还是骆驼刺。在柴达木，在毫不留情地虐杀一切绿色生命的干旱、暴风和严寒里，只有骆驼刺存活下来了。

骆驼刺接受了严酷，承受了严酷，适应了严酷，保持而且繁衍着庞大的家庭，便可骄傲于所有的严酷，成为点缀和相伴柴达木的唯一秀色。

1999 年 10 月 21 日于礼泉

# 盐的湖

——车过柴达木之二

恰好在我划拉着几笔感触印象的时间里，火车已经进入盐的湖了。

骆驼刺和芨芨草所营造的单调而又令人敬畏的绿色消失了。消失得干干净净，一丝不留，堪称绝杀。一望无际的平坦得令人目眩的沙地，呈炭灰色。湿漉漉的泥沙地表，使人立即想到刚刚落过雨，再远也只能是昨天夜里下了一场透雨。应该是柴达木一年中难得的一个细雨润物的夏夜，还以为天公专意为我们这一帮远客额外的恩赐。错觉！错了！这里是盐湖，盐水千万年来就那么腌渍着泥沙，千万年来就是这种湿漉漉的如同雨淋的景象，让一拨一拨初踏此地的人产生错觉，空喜一场。这是盐湖。我乘坐的列车刚刚驶入盐湖的边沿。这是世界上储藏量最大的一个天然盐场，据说可以供现有的世界人口吃上十多万年。这盐湖在中国青海省的柴达木沙漠里。

白花花的类似浓霜一样的盐出现了，结晶在湿漉漉的沙地的表层，地表的下层蕴含着浓稠的盐的汁液。任何植物，包括英雄的骆驼刺和芨芨草，任谁也招架不住盐汁的浸泡和腌渍，连一丝生存的侥幸都不存在。这里不存在一滴淡水，无由生长一寸绿色，不哺养任何一个或大或小或蹦跳或匍匐的兽类和禽类。这是一个绝生地。

然而这里出产一切生命都不可或缺的盐。国家从五十年代就开始勘探和采掘。我们的血液、肌肤和骨头里，早就注入了这里的盐。血液能够活泼地在身体里涌流，肌肤柔韧而富于弹性，骨头质地坚硬而具承载力，皆有赖于这盐湖里的盐。我便虔诚地感激那一代又一代工作在这绝生之地的工人和专家，他们一生都在这里采掘着盐。

列车上骤起的小小的惊呼和骚动，是真正的盐湖的湖水惊动起来的。一片汪洋！不，其实根本不是任何海和洋的颜色，也不是我所见过的湖的颜色。这里是一片灰白色的浑浊的水。无边无沿无法望尽的灰白色的水的世界，却看不到一根水草，不见一只与水相嬉戏的鸟，不见一个搅水翻浪的水中生物，甚至连一只蠓蝇和甲虫都不存在。

上边是蓝天和白云，下边就是这浑浊的灰白色的水，没有遮掩也没有骚扰，没有一缕响声和一丝动静。水便平静到如同死亡了一般，无波无纹，无光无色，使人怀疑这水是不是真正的水，因为作为水的素常的印象和水的相关的表征全部丧失了。

然而，这确凿是水，饱含着浓稠的盐汁的水。随意到湖里用手搅拂一把水，待风干之后，留在手上的盐足够一家人吃一顿午餐。这是什么水哦！是盐，是盐的湖。

盐湖的地名叫察尔汗，蒙语，盐的世界的意思。

1999 年 10 月 22 日于礼泉

# 天之池

茫茫灰雾笼罩着。雾就在眼目之下。从高处探望下去，眼下就是一片茫茫的密不透隙的灰色的雾。谁也无法料知这雾什么时候会扯开散去。人愈是疑虑，那雾似乎愈是浓厚，似乎根本没有散去的希望。人就不由得焦虑，甚至抱怨自己选择了一个倒霉的日子：痴心向往的长白山天池，已经站在她的裙边，却看不见她的面目。

这雾确也像一张面纱——世界上那些严守宗教禁忌的妇女遮掩在面庞上的那一张，严密封盖着的是怎样一副含羞带娇的玉容呢？

群峰壁立，结臂连襟，或挺拔或浑实的十六座峰体，气势磅礴，恰似披甲挂胄的武士；火山岩浆铸就的武士，无疑是经受过超高温炼烧的纯洁忠贞之士，守护在这里已经有亿万年了。面对这样忠诚的卫士，我便静下心来，即使花一天时间的等待和守候，又何谈真心痴情！

久久的期待中，那雾终于扯开了。先是一绺，后是一角，稍一显现，随即逝去。刚刚露出的那一绺一角，瞬间又覆盖上雾的面纱了。然而就在那一绺一角露出的瞬间，呈现出湖蓝色的长裙的一幅裙褶，镶嵌着无数宝石或碎金，闪闪眨眨，扑朔迷离……你期待着的人正从楼梯的转角处下来。你屏声静息地等待着一睹芳容，却看见那长裙在楼梯的转角处飘忽一闪，露出炫目的脚腕的雪白，那长裙又消失了，没有下楼，又折回楼上去了……留在心里的是浅尝辄止的更高涨的欲望，期待那面纱彻底抖落，至少再撩开一绺一角的机缘，看到半边脸颊一次回眸也可慰藉。

灰色的雾又变化成为白色的了。白色的面纱又转变为灰青色的了。什么时候又在那一边峰峦间挂起连天接地的五彩虹帐。阳光挑逗嬉戏着，然而那雾的面纱却绝不扯散。

纵眼望去，莽莽苍苍的群山浪波一般起伏着、簇拥着，推向烟云浩渺的远处。阳光和云彩给群山投射出变幻不定的色彩，一片深情一片嫩绿转换着交替着，海浪般涌动翻腾起来了，只是听不到呼啸。无声的波浪铺天盖地，从眼目所及的远处一幅一幅推进过来，拍打着赤裸的铁渣似的长白山的主峰，我的胸脯也随着波涌感到脚下的节奏起伏了。放开思维之缰任其飞翔，怎样想象亿万年前这儿曾经是一片汪洋的景象？怎样想象亿万年以来地心之火在那一片汪洋之上雕塑出横亘千里的长白山脉的伟功！哦，真想潜入那依然保持着原始形态的丛林，捡拾一块小小的未经人手和兽爪触碰过的火山岩石。哦，那密林覆盖的千里群山之中，肯定有一只修炼千年终究成仙的狐狸，在山崖侧畔在白桦树后在野花丛中投来羞羞的一笑。哦，在那一笑撞击心灵的一瞬，顿然感悟到俗世的肉身和肉身的世俗。

灰色的雾和白色的雾终于散去了。没有一丝风，不知这雾为什么会自动扯开散去。从火山岩石和岩灰堆积的山峰豁口望下去，那灰白的雾眼看着淡了稀薄了，转眼间就散失净尽了。神秘的面纱徐徐地揭去了，令人灵魂震慑的景象出现了：一片幽深的蓝色，平静地闲适地躺在群山群峰的足下，阳光爱抚着投射下来，那一袭长裙的色彩变幻莫测，胸脯淡了腹上浓了腿脚又浅淡了；愈是颜色浅淡的裙褶里，万千的宝石和碎金的闪光愈是璀璨。山顶上的千年积雪倒映不出影像，被深沉的蓝得发青的水融解了。白云白雪和山峰都无法在其中投下倒影留下印记，她太深了，抑或是太娴静了，不把任何献媚者收入眼睑？只有太阳是可以骄傲的，可以在那一袭长裙的每一寸裙褶的宝石上撩拨起闪光，她却依然沉静……雾的面纱又徐徐地遮盖过来了。

留在我灵魂深处的，是羞色里的纯净。至纯至洁的天池之水，便自然蓄蕴着羞羞的神色。不洁不净的东西可以以各种华丽和妖艳取悦于世，唯独那羞色难得仿造；纯洁的云和纯净的花和纯洁的心灵，我们都可以发现隐隐的羞羞之色；被把玩过的玉石即使有绝世的雕琢，被汗手油指抚摸过的花朵即使十分美艳，被龌龊充塞着的心灵即使做一万次美容，都不可能再从它们的眼神里泄出一丝一缕的羞色了。

天池的羞色来自她的水，上承天雨，下聚涌泉，皆无任何中间导流环节的污染；她的深厚（三百七十三米）使那些喜欢拈水嬉浪者望而畏步，避免了汗渍；她高踞海拔两千多米的长白山山巅，绝除了灰土、烟尘和有害气体的浸染，保护着一份至纯至净至洁，那沉静里的羞色正是与天生丽质俱来的一种气韵，而这气韵在一切作为风景胜地的水境中都不可能找见了。

游移不定的眼神是否反射着心灵里的大九九小九九？混浊的眼色是否浮游着心底的脏？无光无亮的眼色是否透射着平庸与无奈？急切而又卑琐的眼神是否袒露着心灵深处那狂狷和卑怯交织着的火与烟的浊流？再到哪里去寻觅如你——天上之池——一样的羞色？

告别天之池，告别长白山，留一份纯净，留一份羞色，陶冶情感滋润心灵。

1999年10月24日于礼泉

# 柴达木掠影

出敦煌城，满眼都是变幻着色彩的沙子。无边无际的沙丘沙梁和沙地，金黄金黄的，灰白灰白的，淡青淡青的，铺天盖地的沙漠没有期望里的变化，仅仅是沙子的颜色淡了浓了在变幻着。进入祁连山，沟底和山坡上有绿草生长，尽管可以看出干旱施虐下存活的艰难，毕竟是绿色生命，毕竟带给人一种鲜活。远处的祁连山是凛凛的赤裸的峰峦和沟壑，有几处可以看到峰顶上闪闪发亮的积雪。翻过祁连山，又是砾石堆积的戈壁，零星的骆驼草顽强地在这里宣示着生命。偶尔可以发现一只小小的蓝底白翅的小鸟，从这蓬骆驼草飞到另一丛，使这无边沉寂的漠地有了一点儿灵动。

进入柴达木腹地，便进入生命的绝地。一株草一只蠓虫都绝迹了。地表是如同刚刚得到细雨润湿的黑油油的土壤，踏上去竟然坚硬如铁，这是经过盐渍造成的奇异景象。薄薄的土层下，是青石一般坚硬的盐层，深不知底。柴达木意译是盐渍。性能精良的越野车，在沙漠戈壁行进了整整九个小时，陪伴左右的祁连山隐去了，阿尔金山扑入眼来了，白雪皑皑的昆仑让人生出走到天尽头的错觉。我已经知晓，一九五四年早春，在西安组建的第一支石油勘探队从敦煌开始行程，用脚步并借助骆驼横穿过沙漠和戈壁，历时半月，到达我们即将抵达的尕斯库勒湖畔。他们吃自己背着的干粮。他们走到哪儿就在哪儿的沙地上挖坑（地窝子）夜宿。在关中已经是柳絮榆荚飘飞的春景，柴达木依然是严寒的冬天，夜晚沙坑里彻骨的冰冷是可以想见的。最严酷的是根本找不到淡水。我从当年那些首闯绝地的勘探者所写的回忆短文里，首先感动的是朴实无华坦诚平静的叙述，对于任谁都可以想象的绝地里的困难，绝无渲染辞藻。这样的叙述反倒令人感受到创业者的豪迈和威势，读来令人产生对某种远逝的纯情的怀念。

我已经看多了造型各异令人眼花缭乱的高楼大厦，看多了越来越精致的城市绿地和花卉，越变越华丽越雅致的地毯和壁饰。我现在置身于寸草不生蠓虫不飞严酷到连一口淡水也找不到的柴达木。把赤裸的祁连山赤裸的阿尔金山冰雪闪亮的昆仑山揽入视野纳入心胸，对我的心境和心态是一种无可替代的良好的调节，起码不至于仅仅把眼光流连在人工制造的草地花丛地毯壁饰的色彩和图案上，人的情趣需要带着严酷意味的荒漠群山的调节。

远远便瞅见昆仑山脚下尕斯库勒湖蓝莹莹的好水。人在干枯单调的荒漠里整整走过九个小时，对眼前突然出现的这一湖好水的亲近是强烈的，况且是融雪汇聚成湖的纯净的水，绿色就环绕着湖水而蓬勃着生气了。我们来到一座高耸的碑塔前，这是柴达木打出第一口油井的井址，站在这个碑塔下，感知那种令人肃然起敬的创业者的神圣和尊严。

花土沟是发现油砂石的地方，在连绵不断的如同被大火燎烧过的群峰之中。汽车在山间盘旋而上，残破的山梁残破的沟坡残破的山峰，在见惯了黄土高坡的我的感觉里，仍然是不堪。就在这样的沟壑间山梁上，这里那里都竖立着正在掘进的井架，悠悠然有节奏运转着的抽油机，黑色的输油管或凌空飞架或顺地铺设，我可以想象技术人员和工人完成每一道工序的艰难，更感佩把石油采出的意志力。

花土沟山顶上立着一块石碑，铭记着这里是首先发现油砂石的地方。一九四七年，一支仅剩下三人的石油勘探队，几乎是在绝望中听到一个什么人说这儿有一种可以点燃起火的石头，欣喜若狂，立马赶到这里，发现了山峰和山沟里裸露着的油砂石，这是潜藏石油最可靠的资料了。石碑上镌刻着那三个发现者的名字。这块石碑，完整了柴达木石油勘探开采的历史，一种令人感佩的科学态度。我接受了油田一位朋友随手捡拾的一块油砂石，尽管早已干涸，仍然可以闻到一股油腥气味，颜色是被石油浸渍过的紫黑色。我在看着摸着嗅着这块来自地心的不寻常的石头时是平静的，不过有一点儿好奇，却可以理解那三位勘探者抓到它时的狂欢，那对他们来说是发现，是求证的证据，是理想的实现。也可以理解一九五四年的勘探队在此打出第一口油井的狂欢，应该是献给刚刚建立不久的中华人民共和国的一份厚礼。从那时开始，到我以参观者的身份到这里来的时候，整整经过了五十年，新的井架还在搭建，油井还在出油，新的年生产指标还在提升。一茬接一茬的石油人在这里付出了汗水心血和青春，又一茬年轻人继续活跃在平川里和沟壑间，依然是一丝不苟地全身心投入，依然是面对戈壁所有艰辛的顽强和乐观。

还有开创者的诗性情怀。他们为柴达木取下一批极富诗意的地名，这是这些处女地自形成以来的第一次命名。花土沟是依山峰和沟坡的颜色命名的。冷湖这个名字取得多么别致，怕是大学问家也未必能推敲得到。还有一个南八仙，就不仅仅是文字上的光彩了，而是一种虔诚的缅怀。一个由八位女子组成的勘探队，走出营地后消失了，无影无踪地消失在柴达木荒漠上，一缕布条一页纸片都没有残留。战友们在搜寻绝望之时给她们失踪的地方命名为南八仙。愿这些报效国家的巾帼英雄，化为天仙。

在柴达木一路走来，超出想象的大自然的严酷，对我发生着连续的冲撞。传说的和墨写的开发柴达木的英雄业绩，对我也发生着令人由衷感动感叹的冲撞：眼见的正在掘进的钻机和悠然运动的抽油机，穿着溅有油痕制服的技术人员和工人，一张张自信而又鲜活的脸孔，有一种更富活力的冲撞。尽管我不可能加入这种环境下的这一群劳动者的行列，却乐意接受这种冲撞，增强精神和心理的钙质，更踏实更从容地面对生活。

2004 年 9 月 30 日雨晨　雍村